# Iniciación en competencias digitales básicas para el emprendimiento. FCOI08

Alejandro Ballesteros García

**Iniciación en competencias digitales básicas para el emprendimiento. FCOI08**
© Alejandro Ballesteros García


1ª Edición

© IC Editorial, 2024

Editado por: IC Editorial
c/ Cueva de Viera, 2, Local 3
Centro Negocios CADI
29200 Antequera (Málaga)
Teléfono: 952 70 60 04
Fax: 952 84 55 03
Correo electrónico: iceditorial@iceditorial.com
Internet: www.iceditorial.com

ISBN: 978-84-1184-409-3
Depósito Legal: MA 2342-2024

Impresión: PODiPrint
Impreso en Andalucía – España

Nota de la editorial: IC Editorial pertenece a Innovación y Cualificación S. L.

# Especialidad formativa

Se entiende por especialidad formativa la agrupación de contenidos, competencias profesionales y especificaciones técnicas que responde a un conjunto de actividades de trabajo enmarcadas en una fase del proceso de producción y con funciones afines.

Las especialidades formativas de Uso General, Formación Complementaria, Formación Modular y las especialidades formativas dirigidas a la obtención de certificados de profesionalidad se incluyen en el Fichero de Especialidades del Servicio Público de Empleo Estatal para su gestión en todo el territorio nacional por cualquier Administración competente.

Las especialidades complementarias, pertenecen todas a la Familia profesional de Formación Complementaria (FCO) y tienen la consideración de formación transversal en áreas que se consideran prioritarias tanto en el marco de la Estrategia Europea para el Empleo y del Sistema Nacional de Empleo como en las directrices establecidas por la Unión Europea. Se consideran áreas prioritarias las relativas a tecnologías de la información y la comunicación, la prevención de riesgos laborales, la sensibilización en medio ambiente, la promoción de la igualdad, la orientación profesional y aquellas otras que se establezcan por la Administración competente.

Las especialidades de Certificado de profesionalidad tienen una duración especificada en su normativa reguladora.

En el resultado de la búsqueda, se muestran las unidades de competencia, todos los módulos formativos con su duración y las unidades formativas del certificado correspondiente, con su duración. Las horas del certificado, exclusivo de las especialidades de certificado de profesionalidad, con alta igual o superior a 2008, son las horas totales más las horas del módulo de Prácticas Profesionales no Laborales.

- ⮞ **Si la especialidad tiene unidades formativas,** las horas totales, presencial, distancia, teleformación serán igual a la suma de esas horas de las unidades formativas de los distintos módulos, sin que se repita ninguna Unidad formativa.

⬤ **Si la especialidad no tiene unidades formativas,** las horas totales, presencial, distancia, teleformación serán igual a las sumas de esas horas de los módulos formativos, eliminando las horas de los módulos repetidos.

https://sede.sepe.gob.es/especialidadesformativas/RXBuscadorEFRED/BusquedaEspecialidades.do

(Fuente: Servicio Público de Empleo Estatal)

# Índice

# OBJETIVOS GENERALES

Los objetivos generales del **FCOI08. Iniciación en competencias digitales básicas para el emprendimiento,** son los siguientes:

- Adquirir competencias digitales básicas que permitan aprovechar las posibilidades asociadas a las tecnologías digitales, con énfasis en la reducción de la brecha de género y en la capacitación digital de mujeres en el ámbito rural, para el emprendimiento, el acceso a la información, el procesamiento y uso para la comunicación, la creación de contenidos, la seguridad y la resolución de problemas, de acuerdo con el Marco de Competencias Digitales para la Ciudadanía de la Unión Europea.
- Adquirir competencias digitales básicas que permitan aprovechar las posibilidades asociadas a las tecnologías digitales para el acceso a la información, la búsqueda de información y el uso seguro de acuerdo con el Marco de Competencias Digitales para la Ciudadanía de la Unión Europea.
- Adquirir competencias digitales básicas que permitan aprovechar las posibilidades asociadas a las tecnologías digitales para la comunicación, la creación de contenidos y la resolución de problemas de acuerdo con el Marco de Competencias Digitales para la Ciudadanía de la Unión Europea.
- Adquirir habilidades digitales que faciliten al emprendedor o emprendedora la puesta en marcha de un negocio.

# Iniciación y búsqueda de información en entornos digitales

## Contenido

## Objetivos

El objetivo general de esta Unidad de Aprendizaje es:

→ Adquirir competencias digitales básicas que permitan aprovechar las posibilidades asociadas a las tecnologías digitales para el acceso a la información, la búsqueda de información y el uso seguro de acuerdo con el Marco de Competencias Digitales para la Ciudadanía de la Unión Europea.

Los objetivos específicos de esta Unidad de Aprendizaje son:

→ Comprender las funcionalidades básicas de un ordenador.

→ Aprender a buscar información relevante en internet para almacenarla y organizarla de forma sencilla.

→ Hacer un uso responsable de nuestros dispositivos digitales.

# 1. Introducción

Desde la aparición del ser humano, hemos asistido a una constante evolución tecnológica que, en mayor o menor medida, ha guiado el paso de nuestro modo de vivir y de relacionarnos con los demás.

La invención del fuego en la prehistoria, la aparición de los primeros sistemas de escritura en la Edad Antigua o la invención de la imprenta en la Edad Media han sido hitos tecnológicos que, en su día, transformaron profundamente nuestra sociedad.

A finales del siglo XVIII, se presenció la llegada de la máquina de vapor y el aprovechamiento de nuevas fuentes de energía como el carbón. Estos avances supusieron una transición de una economía basada en la agricultura a una basada en la industria. Lo que supuso la conocida como Primera Revolución Industrial.

Al igual que entonces, en los últimos años hemos asistido a profundos cambios tecnológicos, en su mayor parte protagonizados por el desarrollo de la informática y la expansión de internet como canal de comunicación global. Estos cambios han obligado a las empresas a digitalizar sus procesos de negocio y a mejorar aquellos productos y servicios dirigidos a un público que, cada vez más, utiliza internet y las nuevas tecnologías como principal herramienta de consumo. Lo que ya se conoce como Cuarta Revolución Industrial o Industria 4.0.

A lo largo de esta unidad, aprenderemos a dar los primeros pasos para adentrarnos en la Industria 4.0. Para ello, nos basaremos en el caso de Mar, una joven emprendedora que acaba de tomar las riendas del negocio familiar: una pequeña bodega de vino que comercializa sus productos a nivel regional.

# 2. Inicio del ordenador y sus elementos principales

 **HILO CONDUCTOR**

Bodegas Balista es una empresa que se dedica desde hace más de un siglo a la elaboración de vinos de manera artesanal. Se trata de un negocio familiar cuyos

*Continúa en página siguiente >>*

*<< Viene de página anterior*

propietarios han querido mantenerse fieles a la tradición y nunca se han preocupado excesivamente de incorporar ningún tipo de mejoras a nivel tecnológico.

Mar acaba de heredar este pequeño negocio y tiene la firme intención de adaptarlo a los nuevos tiempos para poder llegar a nuevos mercados que, en su mayoría, se componen de un tipo de consumidor mucho más habituado a las nuevas tecnologías.

Sin embargo, no desea desechar todo aquello que les ha permitido, durante todos estos años, ser capaces de elaborar uno de los mejores vinos de la región. Por ello, ha decidido comenzar a digitalizar su negocio por el Departamento de Administración donde, para su sorpresa, aún siguen haciendo todo el trabajo "con lápiz y papel", pues no disponen de ningún sistema informático que les ayude en su labor.

---

No cabe duda de que la información supone uno de los principales activos para llevar a cabo la gestión de los distintos procesos de una empresa. Si antaño toda esta información se almacenaba en enormes archivos diseñados especialmente para poder organizar con la mayor diligencia posible los innumerables papeles (fichas de clientes, pedidos, facturas, albaranes, nóminas, etc.) que cada día debían gestionar los empleados, hoy en día todas estas tareas resultan mucho más sencillas, gracias a la informática.

## DEFINICIÓN

### Ordenador

Se trata de una máquina electrónica capaz de almacenar datos para, posteriormente, procesarlos y transformarlos en información que nos pueda resultar de utilidad.

---

Los ordenadores modernos están compuestos por una serie de componentes y dispositivos electrónicos. Veamos a continuación algunos de los más característicos:

**Placa base**
- Se trata de un circuito integrado al que se conectan el resto de los componentes del ordenador. Su principal misión es la de servir de canal de comunicación entre todos ellos. Podemos encontrar muchos tipos de placa base según los componentes que necesitemos conectar.

**Microprocesador**
- Es el componente más importante, el verdadero cerebro del ordenador, ya que se encarga de controlar al resto de componentes de nuestro sistema.

**Memoria**
- Se trata de una serie de circuitos y dispositivos encargados de almacenar todos los datos que vamos a procesar, así como las instrucciones necesarias para su transformación.

**Dispositivos de almacenamiento**
- Una vez que la información ha sido procesada, probablemente deseemos almacenarla para poder acceder a ella en un futuro. Los dispositivos de almacenamiento se encargan de que nuestros datos queden guardados a buen recaudo. Existen distintos tipos de dispositivos de almacenamiento: discos duros, CD, DVD, tarjetas de memoria, etc.

**Dispositivos periféricos**
- **Dispositivos de entrada:** permiten introducir información en el ordenador como, por ejemplo, el teclado, el ratón, el micrófono o el escáner.
- **Dispositivos de salida:** permiten obtener información del ordenador como, por ejemplo, la pantalla, la impresora o los altavoces.
- **Dispositivos de entrada/salida:** actúan indistintamente para introducir u obtener información del ordenador. Ejemplos: equipo multifunción, tarjeta de red, etc.

 **DEFINICIÓN**

*Hardware*
Conjunto de todos los componentes físicos de un ordenador. Incluye todos sus componentes eléctricos y electrónicos, así como la caja (chasis) y los dispositivos periféricos.

Pero un ordenador no nos sería de gran ayuda por sí mismo si no pudiéramos hacer uso de todos aquellos **programas** y **aplicaciones** con los cuales podremos llevar a cabo la mayoría de las tareas necesarias de gestión y administración de nuestro negocio.

## DEFINICIÓN

*Software*

Conjunto de programas y aplicaciones que nos permiten realizar todo tipo de tareas con un ordenador. Los programas son los encargados de indicar al *hardware* qué pasos ha de seguir para realizar una determinada tarea.

Existen muchos tipos de programas diseñados específicamente para realizar todo tipo de tareas: programas de contabilidad, programas de diseño, programas de procesamiento de textos, videojuegos, etc. Aunque, de entre todos ellos, podemos destacar el **sistema operativo,** que es el que permite al resto de programas poder hacer uso del *hardware* de nuestro ordenador.

## DEFINICIÓN

**Sistema operativo**

Es el conjunto de programas de un ordenador que permite gestionar cada uno de los componentes de la máquina (memoria, discos, periféricos, etc.), proporcionando una serie de servicios al resto de programas y ordenando el acceso de estos a los recursos del ordenador.

## 2.1. Clasificación de los tipos de ordenador según tipo y sistema operativo

En el mercado existen multitud de modelos de ordenador que, por lo general, suelen agruparse en las siguientes categorías en función del uso:

**Ordenador personal** *(Personal computer)*
- **Ordenadores de sobremesa:** se trata de un tipo de ordenadores diseñados específicamente para el trabajo en la oficina. Suelen estar compuestos de una caja o torre, que alberga los principales componentes del ordenador (microprocesador, placa base, disco duro, memoria) y de una serie de periféricos que han de conectarse a esta. Tales como el teclado, el ratón, los altavoces o la impresora.
- **Ordenadores portátiles:** son aquellos en los que todos los componentes están integrados entre sí (microprocesador, memoria, placa base, pantalla, teclado, etc.) y que cuentan con unas reducidas dimensiones para que podamos transportarlo y utilizarlo en cualquier lugar que lo necesitemos.
- **Ordenadores** *All in One:* se encuentran a medio camino entre los ordenadores de sobremesa y los portátiles. Por un lado, están destinados a ser utilizados en un lugar fijo ya que, debido a sus dimensiones, no se pueden transportar con facilidad. Sin embargo, integran la práctica totalidad de sus componentes (pantalla, microprocesador, memoria, disco duro, etc.) en una única carcasa, siendo necesario conectar únicamente algunos periféricos como el teclado y el ratón.

**Estación de trabajo** *(Workstation)*
- Se trata de un tipo de ordenadores que, si bien en su apariencia exterior pueden resultar muy similares a los ordenadores personales, en realidad internamente están diseñados para darles un uso profesional. Esto implica la inclusión de grandes cantidades de memoria y microprocesadores mucho más potentes, propios de un sistema profesional. Lo cual, inevitablemente, aumenta considerablemente su precio. Este tipo de ordenadores suele incorporar versiones profesionales de sistemas operativos como *Windows, macOS* y *Linux*.

**Servidor**
- Se trata de ordenadores muy potentes que están especializados en la prestación de algún tipo de servicio como, por ejemplo: páginas web, bases de datos, correo electrónico, etc. Podemos encontrar muchos tipos de servidores dependiendo de la función que les vayamos a dar: desde un pequeño servidor que nos permita almacenar la documentación de una oficina, hasta enormes servidores utilizados por los grandes bancos o empresas como *Google*. Existen sistemas operativos específicamente diseñados para ser instalados en los servidores como, por ejemplo: *Windows Server, UNIX* o *Linux* (distribuciones para servidor).

## APLICACIÓN PRÁCTICA

**Como primer paso para la digitalizar su empresa, Mar se ha dispuesto a comprar un ordenador para instalarlo en la oficina de administración. Su intención es que sea un soporte a la hora de llevar la contabilidad, gestionar los pedidos y las facturas de sus clientes. Con este propósito, ha consultado varias ofertas de ordenadores que quizá le podrían servir, pero la verdad es que no tiene mucha idea de cuál de ellos sería el más adecuado para la oficina.**

*Continúa en página siguiente >>*

*<< Viene de página anterior*

**Con todo lo que has aprendido hasta ahora, ¿podrías ayudar a Mar a decidirse por la mejor opción de compra? Elige una de las siguientes ofertas y justifica tu elección en base al uso que se le va a dar.**

### A) Servidor Del PowerEdge

1. **Procesador:** Intel E2224g
2. **Memoria RAM:** 64 GB
3. **Disco duro:** 1.000 GB
4. **Pantalla:** sin pantalla
5. **Sistema operativo:** *Ubuntu Server*

### B) PC *All in One* Lenovo

6. **Procesador:** Intel Core i5
7. **Memoria RAM:** 8 GB
8. **Disco duro:** 256 GB
9. **Pantalla:** 24 pulgadas
10. **Sistema operativo:** *Windows 11*

### C) *Workstation* Portátil HPZbook

11. **Procesador:** AMD Ryzen
12. **Memoria RAM:** 16 GB
13. **Disco duro:** 512 GB
14. **Pantalla:** 14 pulgadas
15. **Sistema operativo:** *Windows 11*

### Solución

La opción más adecuada para el trabajo en una oficina es la opción B.

La opción A resulta descartable inmediatamente, pues se trata de un equipo servidor que no está destinado a realizar este tipo de funciones.

La opción C podría ser igualmente viable, aunque no tan recomendable, puesto que Mar no necesita un equipo profesional de reducidas dimensiones que pueda

*Continúa en página siguiente >>*

*<< Viene de página anterior*

transportar de un lugar a otro, sino que estará siempre ubicado en la oficina de administración. En este sentido, la opción B resulta mucho más adecuada al tratarse de un equipo de sobremesa diseñado para realizar trabajos de oficina.

---

## 2.2. Inicio, apagado e hibernación del ordenador

Resulta muy sencillo comenzar a usar nuestro ordenador, pues lo único que tenemos que hacer es pulsar el botón de encendido, que automáticamente inicia el proceso de arranque del sistema.

*Para encender el ordenador, basta con pulsar el botón de encendido.*

Durante dicho proceso, que no suele tardar más que un par de minutos, el ordenador realiza una serie de verificaciones para comprobar que todos los componentes (discos duros, memoria, teclado, pantalla, etc.) están listos para que podamos empezar a trabajar con ellos.

 **NOTA**

Si hacemos uso de un equipo portátil bastará con apretar el botón de encendido del ordenador. En cambio, si hacemos uso de un ordenador de sobremesa, probablemente tengamos que pulsar también el botón de encendido de la pantalla.

---

Suponiendo que estamos usando un ordenador con sistema operativo *Windows 11,* una vez que hayamos terminado nuestro trabajo y deseemos apagar nuestro ordenador, debemos hacerlo a través del menú de **Inicio** y, a continuación, seleccionamos la opción **Apagado.**

Llegados a este punto, se presentan las siguientes opciones:

| | |
|---|---|
| **Apagar** | - Detiene todos los programas y procesos en marcha y desconecta la alimentación de cada uno de los componentes del sistema (incluida la memoria y los dispositivos de almacenamiento como el disco duro). |
| **Reiniciar** | - Apaga el equipo para, acto seguido, volver a encenderlo. A menudo, cuando instalamos algún nuevo programa o dispositivo en el sistema, *Windows* nos pedirá que reiniciemos el equipo para que los nuevos cambios sean plenamente operativos. |
| **Suspender** | - Si elegimos esta opción, el ordenador entra en un estado de reposo *(standby)* en el que no termina de apagarse por completo. De tal manera que, si posteriormente decidimos encenderlo de nuevo, el equipo se inicia mucho más rápido y nos encontraremos todas nuestras aplicaciones en el mismo estado en que las habíamos dejado. |
| **Hibernar** | - Se trata de una opción disponible únicamente en algunos ordenadores portátiles. Podríamos definirla como una "suspensión profunda" en la que el ordenador consume aún menos energía y nos permite conservar la batería durante mucho más tiempo. Al volver a encender el equipo, volveremos al mismo punto donde lo dejamos. Si bien el arranque no será tan rápido como en el modo suspensión. |

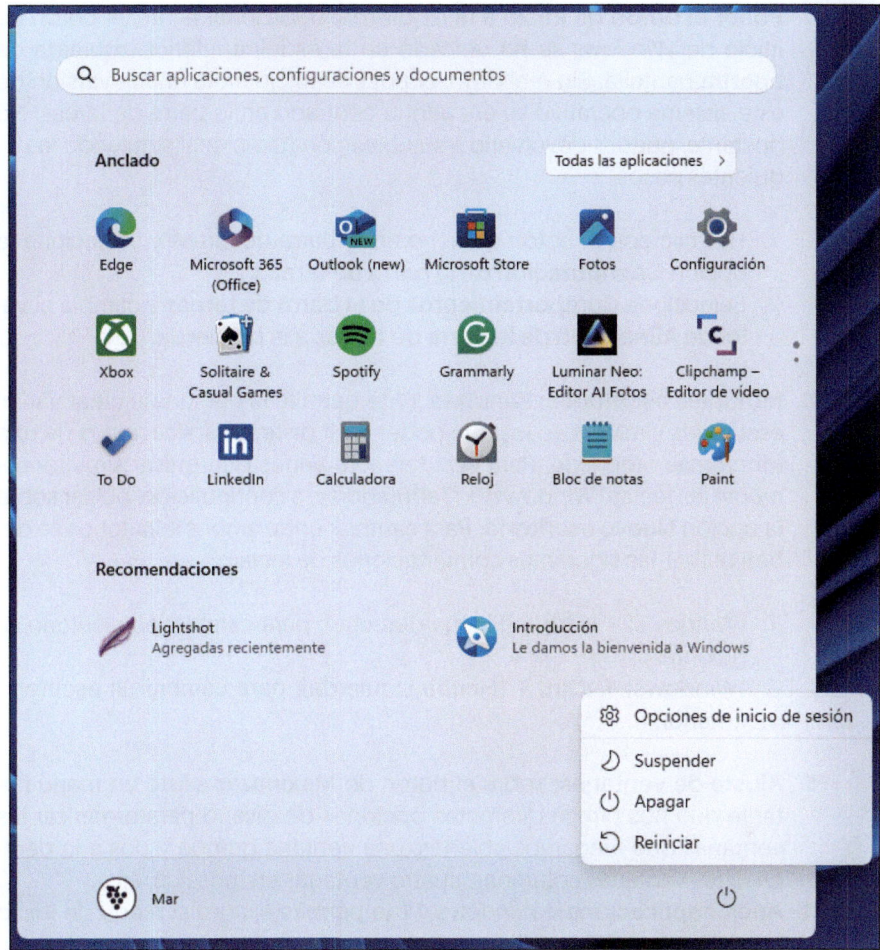

---

## 2.3. Utilización de las opciones, ajustes y aplicaciones del sistema operativo

Los sistemas operativos para ordenadores personales se han diseñado teniendo en cuenta que los usuarios vamos a pasar muchas horas sentados delante de la pantalla, por lo que ofrecen un sinfín de opciones y ajustes que nos permitirán personalizar el entorno de trabajo a nuestro gusto.

Veamos, a continuación, algunas de las opciones de personalización más destacadas para *Windows 11:*

⊃ **Poner el botón de inicio a la izquierda:** tradicionalmente, el botón de inicio de *Windows* se ha ubicado en la esquina inferior izquierda de nuestra pantalla. Sin embargo, el botó de inicio en la última versión de este sistema operativo se encuentra centrado en la barra de tareas. No obstante, puedes devolverlo a su ubicación tradicional siguiendo los siguientes pasos:

1. Haz clic con el botón derecho en la barra de tareas y selecciona la opción **Configuración de la barra de tareas.**
2. Selecciona **Comportamientos de la barra de tareas** y cambia el valor de **Alineación de la barra de tareas** a la **izquierda.**

⊃ **Múltiples escritorios:** *Windows 11* te permite la opción de crear varios escritorios virtuales en los que poder abrir distintas aplicaciones de una forma más ordenada. Para ello, tan solo tienes que pulsar simultáneamente las teclas [Windows] + [Tabulador] y, a continuación, pulsar sobre la opción **Nuevo escritorio.** Para cambiar entre ambos escritorios se deben utilizar las siguientes combinaciones de teclas:

1. [Windows] + [Ctrl] + [Flecha derecha]: para cambiar al escritorio siguiente.
2. [Windows] + [Ctrl] + [Flecha izquierda]: para cambiar al escritorio anterior.

⊃ **Ajuste de ventanas:** sobre el botón de **Maximizar** existe un menú flotante que nos ofrece diferentes opciones de diseño para organizar las ventanas que tengamos abiertas; una ventana grande y dos a la derecha, tres ventanas columnas, cuatro ventanas en mosaico, etc.

⊃ **Anclar aplicaciones:** *Windows 11* te permite fijar en el menú de inicio las aplicaciones que utilizas más a menudo, para que así te resulte mucho más fácil encontrarlas cada vez que las necesites. Para hacerlo, has de seguir los siguientes pasos:

1. Abre la lista de aplicaciones.
2. Haz clic con el botón derecho en una aplicación concreta.
3. Selecciona la opción **Anclar al Inicio.**

⊃ **Cambiar el tema:** es muy sencillo modificar por completo la apariencia de los distintos elementos que aparecen en la interfaz de *Windows 11.* Tan solo tienes que pulsar el botón de **Inicio** y seleccionar las siguientes opciones: **Configuración → Personalización → Temas predeterminados.**

**NOTA**

Si lo deseas, también puedes pulsar en **Examinar temas** para descargar nuevos temas de la tienda de *Microsoft Store* (los encontrarás tanto gratuitos como de pago).

- - - - - - - - - - - - - - - - - - - - - - - - - - - - - - - - - - - - - - - - - - -

## 2.4. Identificación del sistema operativo y su versión desde el menú del ordenador

Resulta muy sencillo averiguar la versión de nuestro sistema operativo en los sistemas *Windows*. Tan solo habremos de seleccionar las siguientes opciones de menú: **Inicio → Configuración → Sistema → Información,** y visualizaremos la siguiente pantalla que nos muestra toda la información relativa a nuestro equipo y a la versión concreta del sistema operativo que tenemos instalado:

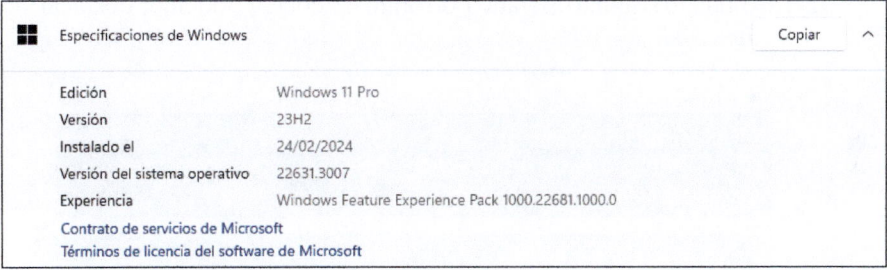

## 2.5. Localización e inicio de los programas básicos (navegador, explorador de archivos, visor de imágenes, entre otros) que incluye el sistema operativo

Los sistemas operativos destinados a ordenadores personales suelen incluir de serie un conjunto de programas que nos van a permitir realizar las funciones básicas necesarias para hacer uso de nuestro ordenador.

Para emplear estos programas tan solo tenemos que pulsar el botón de **Inicio** y, a continuación, pulsar el botón **Todas las aplicaciones.**

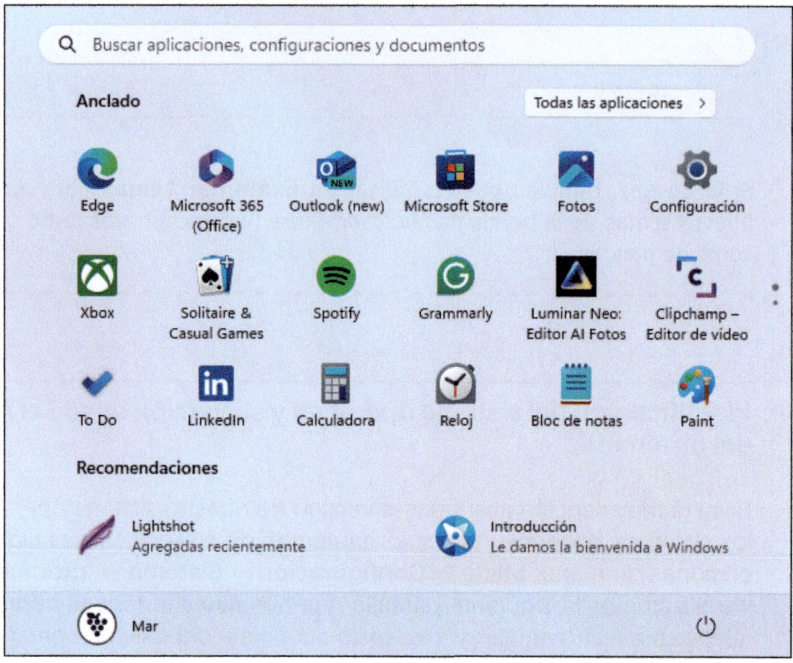

A continuación, se mostrarán todos los programas y aplicaciones instalados en nuestro sistema operativo, de entre las cuales, podemos destacar las siguientes:

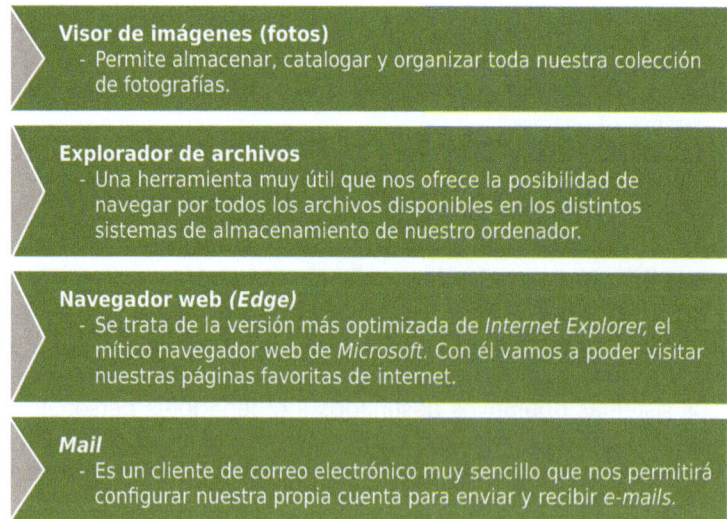

**Visor de imágenes (fotos)**
- Permite almacenar, catalogar y organizar toda nuestra colección de fotografías.

**Explorador de archivos**
- Una herramienta muy útil que nos ofrece la posibilidad de navegar por todos los archivos disponibles en los distintos sistemas de almacenamiento de nuestro ordenador.

**Navegador web (Edge)**
- Se trata de la versión más optimizada de *Internet Explorer*, el mítico navegador web de *Microsoft*. Con él vamos a poder visitar nuestras páginas favoritas de internet.

**Mail**
- Es un cliente de correo electrónico muy sencillo que nos permitirá configurar nuestra propia cuenta para enviar y recibir *e-mails*.

*Continúa en página siguiente >>*

*<< Viene de página anterior*

**Teams**
- Es un entorno integrado de trabajo colaborativo que incluye mensajería instantánea (chats), almacenamiento compartido y videoconferencia.

**Grabadora de sonidos**
- Es una aplicación que nos permite realizar grabaciones de audio sencillas. No está pensada para un uso profesional, ya que no ofrece grandes posibilidades de edición.

**Calendario**
- Nos permite organizar fácilmente nuestra agenda y anotar todas nuestras reuniones y eventos destacados.

**Enlace móvil** *(Phonelink)*
- Nos permite hacer uso de gran parte de las aplicaciones de nuestro teléfono móvil *Android* directamente desde nuestro ordenador, incluso hacer y recibir llamadas.

**Microsoft Store**
- Se trata de una tienda digital integrada que nos va a permitir descargar e instalar un gran número de aplicaciones optimizadas para *Windows*.

## 2.6. Conexión de una impresora al ordenador y comprobación de su funcionamiento

Hoy en día, la mayoría de las impresoras nos permiten conectarlas a nuestros equipos mediante un cable USB. Si este es nuestro caso, su instalación es realmente sencilla, pues bastará con conectarla a nuestro ordenador haciendo uso de cualquiera de los puertos USB disponibles y el sistema operativo se encargará de descargar e instalar los controladores adecuados para que puedas hacer uso de ella de forma inmediata.

En caso de que se trate de una impresora inalámbrica deberás seguir los siguientes pasos para su instalación:

1. Pulsa el botón de **Inicio** y selecciona las siguientes opciones de menú: **Configuración** → **Dispositivos** → **Impresoras y Escáneres** → **Agregar una impresora o escáner.**
2. Poco a poco el sistema irá rastreando los dispositivos cercanos e irán apareciendo las impresoras encontradas. Elige la que quieras usar y selecciona **Agregar dispositivo.**

3. El sistema identificará el modelo concreto de la impresora que hayas seleccionado y descargará los controladores adecuados para su instalación.

A continuación, puedes comprobar si la impresora se ha instalado correctamente de la siguiente manera:

- ⊃ En la pantalla de **Impresoras y escáneres** selecciona la impresora que acabas de instalar y pulsa el botón **Administrar.**
- ⊃ A continuación, pulsa sobre la opción **Imprimir una página de prueba.**

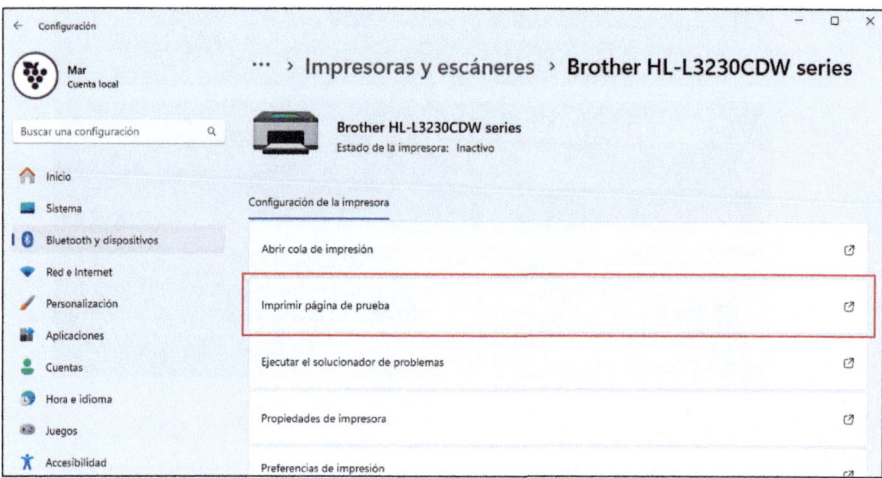

Si el proceso se ha completado correctamente, la impresora se pondrá en funcionamiento e imprimirá una serie de datos relativos a nuestro sistema operativo.

# 3. Búsqueda y gestión de información en internet, su almacenamiento y recuperación

 **HILO CONDUCTOR**

Mar tiene grandes planes para Bodegas Balista. Si hasta ahora su actividad empresarial se limitaba exclusivamente a la comercialización de vinos artesanales

*Continúa en página siguiente >>*

*<< Viene de página anterior*

para los comercios de la región, está dispuesta a ampliar sus clientes potenciales y destinar sus productos a un mercado más internacional.

Adquirir el primer ordenador para la empresa ha sido un gran paso, pero ahora necesita hacer uso de esta nueva herramienta para buscar toda la información necesaria para conseguir sus objetivos.

---

El espectacular desarrollo que ha tenido internet durante los últimos años, la ha convertido en una herramienta imprescindible para el desarrollo de cualquier empresa.

Gracias a internet, las empresas pueden acceder a la información más relevante para desarrollar sus objetivos estratégicos: nuevas tendencias en el sector, estudios de mercado y análisis de la competencia. Toda esta información será de gran ayuda a la hora de tomar decisiones.

Además, su presencia en internet permite a las empresas conectar con potenciales clientes de cualquier parte del mundo. Es un escaparate abierto a un mercado inimaginable hace tan solo unas décadas.

Sin embargo, es muy común que en ocasiones podamos sentirnos desbordados ante tal magnitud de información, pues difícilmente somos capaces de procesarla en su totalidad. Por esta razón, debemos aprender a encontrar información precisa y fiable que pueda ser realmente útil para nuestros objetivos, así como ser capaces de almacenarla y organizarla de tal manera que podamos recuperarla cuando sea preciso.

## 3.1. Definición de las necesidades de información según las propias necesidades (subvenciones, becas, compraventa *online,* proveedores, clientes, gestiones con la Administración, gestiones bancarias, cartelera de cine, búsqueda de cursos, entre otros)

Podría decirse que, hoy por hoy, internet se ha convertido en la mayor fuente de información a nivel mundial. Sea cual sea tu consulta, seguramente podrás encontrar en internet la respuesta.

A grandes rasgos, podríamos hacer la siguiente clasificación sobre todo aquello que puedes encontrar en la web:

- **Entretenimiento:** aunque en sus orígenes el propósito de internet estuviera más enfocado al intercambio de información con fines académicos, esta tendencia fue cambiando a medida que la red se hacía más popular entre el público general y, poco a poco, fueron apareciendo más webs dedicadas a ofrecer contenido enfocado al entretenimiento de sus usuarios. En los últimos años, esta tendencia se ha intensificado aún más con la incorporación de nuevas tecnologías que han facilitado la transmisión de contenido de vídeo en tiempo real. Hasta tal punto que hoy en día internet se ha posicionado como el medio de entretenimiento preferido por los usuarios, por delante de la radio y la televisión.

- **Noticias y medios de comunicación:** a medida que internet ganaba usuarios, los grandes medios de comunicación no tardaron en darse cuenta de que tarde o temprano se convertiría en nuestra principal fuente de información: hace años, para conocer la cartelera de nuestro cine, teníamos que desplazarnos físicamente hasta sus instalaciones o bien consultar dicha información en el periódico. Hoy en día, podemos encontrar en internet toda la información que necesitemos, hasta el punto de que las ediciones digitales de los grandes diarios tienen muchos más lectores que la edición impresa. Incluso han aparecido nuevos periódicos digitales especializados en diversas temáticas.

- **Comercio electrónico:** si bien inicialmente la compraventa de productos y servicios a través de internet no estaba regulada por ninguna legislación específica, la publicación de la Ley de Servicios de la Sociedad de la Información y Comercio Electrónico, supuso un gran incentivo para la aparición de miles de negocios *online* en los que los usuarios podrían comprar todo tipo de artículos con las mismas garantías que en los comercios tradicionales.

- **Negocios *online*:** internet se ha convertido en una gran oportunidad para hacer negocios con clientes y proveedores de cualquier parte del mundo. Gracias a los avances en la seguridad de las comunicaciones, ha sido posible desarrollar multitud de aplicaciones B2B *(Bussiness to Bussines)* que permiten realizar todo tipo de operaciones de compraventa.

- **Banca *online*:** la aparición de la banca *online* ha supuesto todo un revulsivo para este sector económico que ha traído múltiples ventajas para clientes y entidades. Por un lado, los clientes pueden realizar todo tipo de transacciones sin necesidad de acudir presencialmente a una oficina bancaria, por otro lado, las entidades han podido ofrecer servicios más competitivos gracias al ahorro de costes de personal. Sin embargo, esta transformación no ha estado exenta de polémica ya que, en muchas ocasiones, los usuarios que no dominaban las nuevas tecnologías se han sentido gravemente discriminados.

- **Búsqueda de empleo:** internet es ante todo un canal de comunicación que muchas empresas han aprovechado para ponerse en contacto con sus futuros candidatos. Así, hoy en día podemos encontrar en la red múltiples sitios en los que los demandantes de empleo pueden publicar sus currículums y experiencia profesional para ser contratados por las empresas.

⮕ **Formación *online (e-learning):*** aunque los sistemas de educación a distancia ya existían desde mucho antes de la llegada de internet, ha sido gracias al desarrollo de esta tecnología cuando esta modalidad de formación ha alcanzado sus mayores cuotas de mercado. Gracias a internet podemos acceder a un amplio catálogo de cursos de formación sin necesidad de tener que desplazarnos a nuestro centro educativo. Un claro ejemplo lo podemos ver en el programa Aula Mentor, que oferta más de doscientos cursos en línea para mejorar nuestras competencias personales y profesionales.

⮕ **Administración electrónica:** el gobierno electrónico *(e-goverment)* consiste en el uso de internet por parte de las administraciones públicas para ofrecer sus servicios a los ciudadanos. En España, la Ley de Acceso Electrónico de los Ciudadanos a los Servicios Públicos, supuso un hito para que las distintas administraciones comenzaran a facilitar la gestión de numerosos procedimientos administrativos a través de la red: expedición de certificados, solicitud de licencias, ayudas, becas, subvenciones, etc.

| Ley de Servicios de la Sociedad de la Información y Comercio Electrónico | Aula mentor |
|---|---|
|  | |
| *https://redirectoronline.com/fcoi080101* | *https://redirectoronline.com/fcoi080102* |

*Continúa en página siguiente >>*

*<< Viene de página anterior*

**Ley de Acceso Electrónico de los Ciudadanos a los Servicios Públicos**

*https://redirectoronline.com/fcoi080103*

## 3.2. Conexión con páginas web de información concretas en escenarios personales definidos (web de compras, noticias, cartelera de espectáculos, entre otros)

Aunque los orígenes de internet se remontan a la década de los 60 del siglo pasado, no fue hasta el año 1989 cuando empezó a popularizarse entre los usuarios domésticos. Todo gracias a la invención de la World Wide Web (WWW) que, en la práctica, permitía que cualquier persona pudiera acceder a toda la información disponible en internet sin necesidad de tener conocimientos informáticos, ya que bastaba con hacer uso de un sencillo programa que fue bautizado como navegador web.

El funcionamiento de la WWW resulta muy sencillo para los usuarios, pues tan solo es necesario introducir en el navegador la dirección web (URL) que quieres visitar:

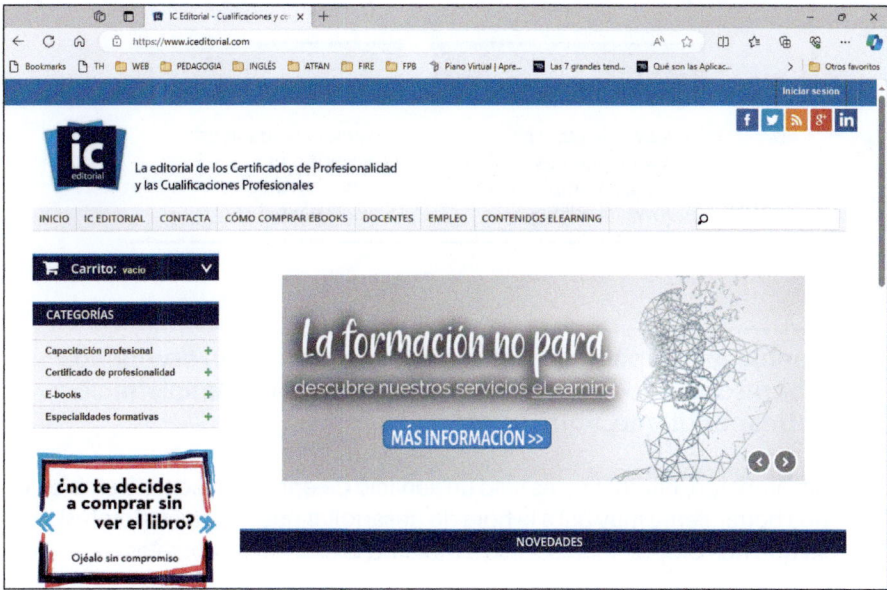

*Para visitar una página web escribimos su URL en la barra de direcciones del navegador*

 **DEFINICIÓN**

### URL

Son las siglas de *Uniform Resource Locator* (Localizador de Recursos Uniforme). Se trata de una dirección única que nos permite localizar un recurso en internet. Estos recursos pueden ser páginas web, imágenes, documentos, etc.

Veamos a continuación algunas de las URL más visitadas de internet:

| Noticias | Compras | Entretenimiento |
|---|---|---|
| - www.marca.com | - www.amazon.es | - www.netflix.com |
| - www.elmundo.es | - www.aliexpress.com | - www.telecinco.es |
| - www.elpais.com | - www.ebay.es | - www.booking.com |
| - www.abc.es | - www.elcorteingles.es | - www.tripadvisor.es |

*Continúa en página siguiente >>*

*<< Viene de página anterior*

| Empleo | Banca |
|---|---|
| - www.infojobs.net | - www.caixabank.es |
| - www.indeed.es | - www.ing.es |
| - www.infoempleo.com | - www.bbva.es |
| - www.linkedin.es | - www.paypal.com |

## 3.3. Conexión con páginas web de información en un escenario laboral definido (portal de empleo, web de la administración correspondiente, entre otros)

Sin embargo, internet no es solo un servicio de entretenimiento. También es una herramienta muy útil a la hora de desarrollar nuestra carrera profesional, ya que nos proporciona acceso a multitud de servicios laborales.

Veamos algunos de los más destacados:

➲ **Portales de empleo:** se trata de páginas web que ponen en contacto las ofertas de empleo de las empresas con aquellos candidatos interesados en cubrir dichas vacantes. Puedes registrarte como usuario, crear tu currículum y suscribirte a aquellas ofertas que más se adecúen a tus preferencias. Algunos de los portales de empleo más populares son los siguientes:

    ↻ **Infojobs:** es una de las webs más veteranas en este sector. Te permite realizar todo tipo de búsquedas entre sus miles de ofertas de trabajo disponibles y filtrar los resultados según la categoría laboral, salario, ubicación, estudios mínimos o experiencia requerida, etc.

https://redirectoronline.com/fcoi080104

    ↻ **Tecnoempleo:** se trata de un portal especializado en ofertas de empleo en el sector de la informática y telecomunicaciones. Muchas empresas de este sector optan por esta plataforma debido a su especialización.

https://redirectoronline.com/fcoi080105

- **Redes sociales:** una de las técnicas que siempre han funcionado a la hora de encontrar un nuevo puesto de trabajo es hacer uso de nuestra red de contactos. Por este motivo, en la era de internet, las redes sociales se han convertido en grandes aliadas con las que podemos contar para tal fin. Podemos distinguir entre redes generalistas (*Facebook, Instagram,* etc.) y otras como *LinkedIn*, que están diseñadas específicamente para poner en contacto a empresas y profesionales de cualquier sector.
- **Agencias de colocación:** son entidades públicas o privadas que hacen de intermediarios entre las empresas y los candidatos a una oferta de trabajo. Su labor consiste en almacenar y catalogar los currículums de los demandantes de empleo y enviarlos a aquellas empresas que, en un momento dado, puedan estar interesadas en contratar un profesional con su mismo perfil. Una de las más destacadas por su larga trayectoria en este sector es la web de Adecco, que ofrece información de gran interés tanto para empresas como para personas trabajadoras.

https://redirectoronline.com/fcoi080106

- **Servicios públicos de empleo:** los servicios públicos de empleo cuentan también con diversas herramientas web que pueden ayudarnos a encontrar nuestro primer empleo o bien a conseguir uno mejor que el que tenemos. Por ejemplo, la web **Empléate** del Servicio Público de Empleo Estatal (SEPE) cuenta con una gran base de ofertas de trabajo que incluso nos permite emprender sin tener que dejar nuestro trabajo actual.

https://redirectoronline.com/fcoi080107

○ **Administraciones públicas:** las distintas Administraciones públicas
también hacen uso de internet para ofrecer a la ciudadanía todo tipo de
información y recursos relacionados con la búsqueda de empleo. Por
ejemplo, la página web del Gobierno de La Rioja tiene una sección dedicada exclusivamente al empleo y a la formación, donde se informa sobre todo tipo de ayudas, subvenciones y normativa específica sobre el
fomento del empleo.

## 3.4. Realización de búsquedas web según palabras clave

Aunque puede que hayamos memorizado algunas de las direcciones de
nuestras páginas web favoritas, incluso aunque nos dediquemos a recopilar las mejores páginas en función de su temática, en la práctica resulta imposible obtener un directorio que pueda abarcar simplemente una mínima
parte de las webs existentes.

No obstante, siempre podemos recurrir a los **buscadores web** o **motores
de búsqueda** que nos ayudarán a encontrar, prácticamente de forma instantánea, cualquier tipo de información existente en internet.

 **DEFINICIÓN**

**Buscador web**
Es un sistema informático cuyo propósito es buscar todo tiempo de información
(imágenes, vídeos, documentos, etc.) en internet para clasificarla y almacenarla en una base de datos y acceder a ella posteriormente cuando el usuario
la necesite.

Utilizar un buscador web es realmente sencillo, pues lo único que tenemos que hacer es introducir en el campo de búsqueda aquellas **palabras clave** que se correspondan con aquello que estamos buscando, acto seguido pulsamos el botón **Buscar** (normalmente representado por una lupa) y, automáticamente, el buscador nos devolverá un listado con todas aquellas direcciones de páginas web, previamente almacenadas en su base de datos, que mejor se correspondan con las palabras clave que hemos introducido.

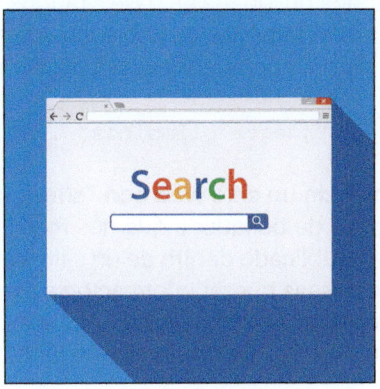

*Los buscadores web suponen una gran ayuda a la hora de encontrar aquellas webs que ofrecen la información que necesitamos.*

Aunque normalmente basta con introducir unas palabras clave para encontrar la información que nos interesa, puede que en ocasiones cueste un poco más dar con la combinación exacta. En estos casos, te van a venir muy bien los siguientes trucos:

1. **Entrecomillar las palabras para buscar frases exactas:** imagina que quieres buscar información sobre la película *Vacaciones en Roma* pero, simplemente aparecen webs que hablan de cómo pasar tus vacaciones en la capital italiana. En este caso, deberás buscar la frase exacta escribiéndola entre comillas dobles:

   ```
   "Vacaciones en Roma".
   ```

2. **Excluir palabras con el signo "-":** imagina que quieres buscar información sobre las obras escritas por Miguel de Cervantes pero que no estén relacionadas con su célebre novela *Don Quijote de la Mancha*. En este caso podrías hacer uso del signo "-" para excluir este término:

   ```
   obras Cervantes -Quijote.
   ```

3. **Usar el comodín "\*":** este símbolo indica que en su posición puede existir cualquier grupo de palabras. Por ejemplo, si queremos buscar información sobre la novela *Viaje a la Alcarria* de Camilo José Cela, pero no recordamos muy bien su título, podemos hacer la siguiente búsqueda:

```
"Camilo José Cela" "viaje a *".
```

4. **Buscar rangos numéricos con "...":** los puntos suspensivos nos ayudarán a realizar una búsqueda en base a rangos numéricos. Por ejemplo, si queremos buscar información sobre los Juegos Olímpicos de la última década del siglo XX podemos hacer la siguiente búsqueda:

```
"juegos olímpicos" 1990...2000.
```

5. **Buscar dentro de un sitio web con "site:":** este operador nos permite indicar al motor de búsqueda que nos muestre únicamente resultados que se hayan publicado dentro de un sitio web específico. Por ejemplo, imagina que deseas buscar información sobre el escritor "Mario Vargas Llosa", pero únicamente dentro del sitio web de la Biblioteca Cervantes Virtual, podríamos usar la siguiente búsqueda:

```
"Mario Vargas Llosa" site:www.cervantesvirtual.com
```

 **TAREA 1**

Mar está frustrada, ya que lleva toda la tarde intentando buscar en internet cierta información que necesita para elaborar su proyecto de negocio, pero por más búsquedas que realiza, no logra dar con los datos que necesita.

Teniendo en cuenta todo lo que has aprendido sobre cómo buscar en internet, ¿serías capaz de ayudar a Mar indicándole qué palabras clave tiene que introducir en el buscador para encontrar los siguientes datos?

a. Necesita encontrar vinos con D.O.P. Rioja embotellados entre 2001 y 2005.
b. Está buscando información sobre una D.O.P., pero no recuerda muy bien su nombre. Le suena que era algo así como "Ribera de..." pero no se acuerda de qué palabra venía después.
c. Le gustaría leer páginas web que hablen explícitamente sobre la "plaga de la filoxera" que tuvo lugar durante el siglo XIX.

*Continúa en página siguiente >>*

*<< Viene de página anterior*

d. Está buscando información para incorporar una nueva variedad de uva tinta, pero que no sea la variedad "tempranillo" que es la que ya tiene en sus viñas.

e. Necesita información sobre posibles subvenciones para empresas, pero que dicha información se encuentre dentro del sitio web "larioja.org".

## 3.5. Descarga de los principales navegadores e instalarlos

Cada vez que deseamos buscar cualquier tipo de información en internet hacemos uso de unos programas diseñados para tal fin y a los que conocemos como *navegadores web* o *navegador*.

La principal función de un **navegador** es la de interpretar el código en el que están escritas las páginas web y presentar su contenido al usuario. Los primeros navegadores se limitaban únicamente a mostrar información en formato texto. Sin embargo, a medida que internet ha evolucionado, se han introducido otro tipo de contenido como: imágenes, vídeo, tablas, formularios, etc.

Veamos a continuación cuáles son los navegadores más populares entre los usuarios:

⮑ *Google Chrome:* se trata del navegador más utilizado por los internautas, habiendo alcanzado hasta un 70 % de cuota del mercado. La clave de su éxito reside en su velocidad y en su facilidad de integración con todas las herramientas asociadas a una cuenta personal de *Google.*

https://redirectoronline.com/fcoi080108

⮑ *Microsoft Edge:* apareció en el año 2015 como sustituto del archiconocido *Microsoft Internet Explorer.* Se trata del navegador que viene instalado de serie en todas las distribuciones del sistema operativo *Microsoft Windows.*

https://redirectoronline.com/fcoi080109

↪ **Safari:** es el navegador predeterminado en todos los dispositivos de la marca *Apple: (Mac, iPad, iPhone,* etc.), aunque también es posible descargarlo e instalarlo en cualquier otro dispositivo.

https://redirectoronline.com/fcoi080110

↪ **Mozilla Firefox:** sucesor del mítico *Netscape Navigator* (uno de los primeros navegadores disponibles en internet) goza de una gran popularidad entre los desarrolladores web debido a la cantidad de herramientas y utilidades que les permite inspeccionar el código de sus páginas web para mejorar su seguridad y usabilidad.

https://redirectoronline.com/fcoi080111

↪ **Opera:** aunque no es uno de los navegadores con mayor cuota de mercado, goza de cierta popularidad entre los usuarios debido a algunas de sus herramientas como el navegador *proxy* o el bloqueador de anuncios.

https://redirectoronline.com/fcoi080112

Resulta realmente sencillo descargar e instalar cualquiera de estos navegadores. Veamos, a modo de ejemplo, cuáles serían los pasos para instalar el navegador *Opera:*

1. Accedemos a la web oficial del navegador:

https://redirectoronline.com/fcoi080113

2. Pulsamos sobre el botón **Descargar Opera.**
3. Automáticamente, un fichero ejecutable llamado ***OperaSetup.exe*** se descarga en nuestro ordenador.
4. Hacemos doble clic sobre este fichero para iniciar la instalación.
5. Se nos muestra la licencia de uso del programa.
6. Si estamos de acuerdo en los términos de la licencia, pulsamos el botón **Aceptar** e **Instalar.**
7. El programa nos pide permiso para recopilar información sobre nuestros datos de navegación.
8. Seleccionamos aquellos datos que queremos compartir y pulsamos **Aceptar.**
9. Una vez finalizada la instalación, se abre un asistente con el que podremos configurar las siguientes opciones:

    a. Tema del navegador (claro, oscuro o predeterminado por el sistema).
    b. Fondo de pantalla (página de inicio).
    c. Activar el bloqueo de publicidad.
    d. Integrar nuestras redes sociales (*Instagram, WhatsApp, X, TikTok,* etc.).

e. Importar la configuración de otros navegadores que tengamos instalados en nuestro ordenador.

---

## 3.6. Utilización del buscador web (motor de búsqueda) incluido en el ordenador

Como ya comentamos al principio de esta unidad, internet es una fuente inagotable de información en la que, a menudo, nos resulta difícil encontrar la información que realmente buscamos.

Se estima que el número total de páginas web existentes en internet supera ya los 2.500 millones y que cada día se crean más de 800.000 nuevas webs. Esto convierte a internet en un espacio inabarcable para cualquier humano. Para nuestra fortuna, contamos con algunas herramientas que facilitan enormemente esta tarea.

El sistema operativo *Windows 11* lleva integrado su propio motor de búsqueda (llamado *Bing)* que nos ayudará a encontrar todo tipo de información en internet. Para acceder a esta herramienta, tan solo tenemos que pinchar en el icono con forma de lupa que aparece junto al botón de **Inicio** en la barra de herramientas.

A continuación, usamos el campo de texto para introducir nuestra búsqueda y pulsamos sobre el icono de *Bing* (a la derecha) para que se abra una nueva ventana que nos mostrará los resultados de nuestra búsqueda.

---

## 3.7. Realización de búsquedas simples de información y contenidos relacionados con escenarios personales y laborales

Durante los últimos años, la compañía *Microsoft* ha dedicado grandes esfuerzos en el desarrollo de un motor de búsqueda avanzado que pudiera hacer frente a la hegemonía del omnipresente buscador de *Google*.

Así es como surge *Bing,* un buscador altamente especializado para ayudarnos a encontrar todo tipo de contenidos en internet. Veamos, a continuación, cuáles son sus características más destacadas.

Para acceder al buscador basta con abrir nuestro navegador web e introducir la siguiente URL: www.bing.com (aunque, como ya vimos en el apartado anterior, disponemos de un acceso directo integrado en la barra de *Windows*).

En la página principal del buscador podemos encontrar las siguientes secciones:

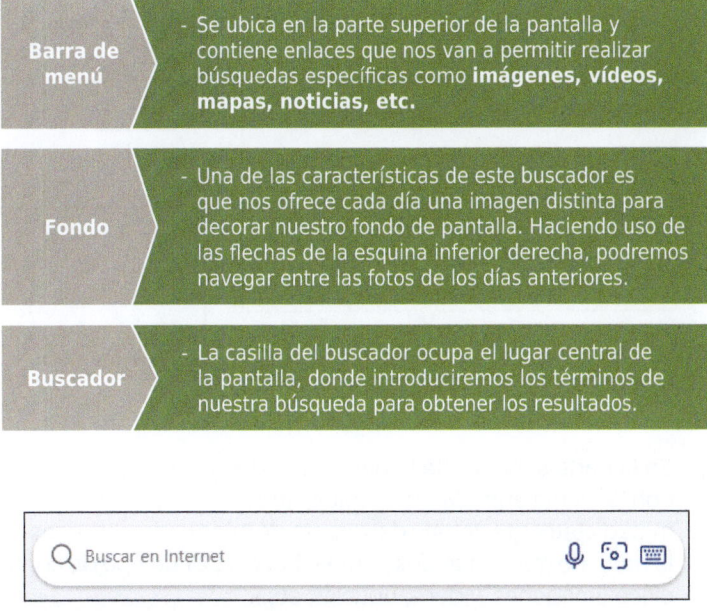

| **Barra de menú** | - Se ubica en la parte superior de la pantalla y contiene enlaces que nos van a permitir realizar búsquedas específicas como **imágenes, vídeos, mapas, noticias, etc.** |
| --- | --- |
| **Fondo** | - Una de las características de este buscador es que nos ofrece cada día una imagen distinta para decorar nuestro fondo de pantalla. Haciendo uso de las flechas de la esquina inferior derecha, podremos navegar entre las fotos de los días anteriores. |
| **Buscador** | - La casilla del buscador ocupa el lugar central de la pantalla, donde introduciremos los términos de nuestra búsqueda para obtener los resultados. |

$Q$ Buscar en Internet

*El buscador nos permite realizar búsquedas por texto, voz o imágenes.*

## 3.8. Acceso a los datos, información y contenidos ofrecidos en búsquedas y navegar entre ellos

Cada vez escribimos en el cuadro de búsqueda y pulsamos sobre el botón de **Buscar,** el motor de búsqueda consulta su base de datos e, inmediatamente, nos muestra la página de resultados:

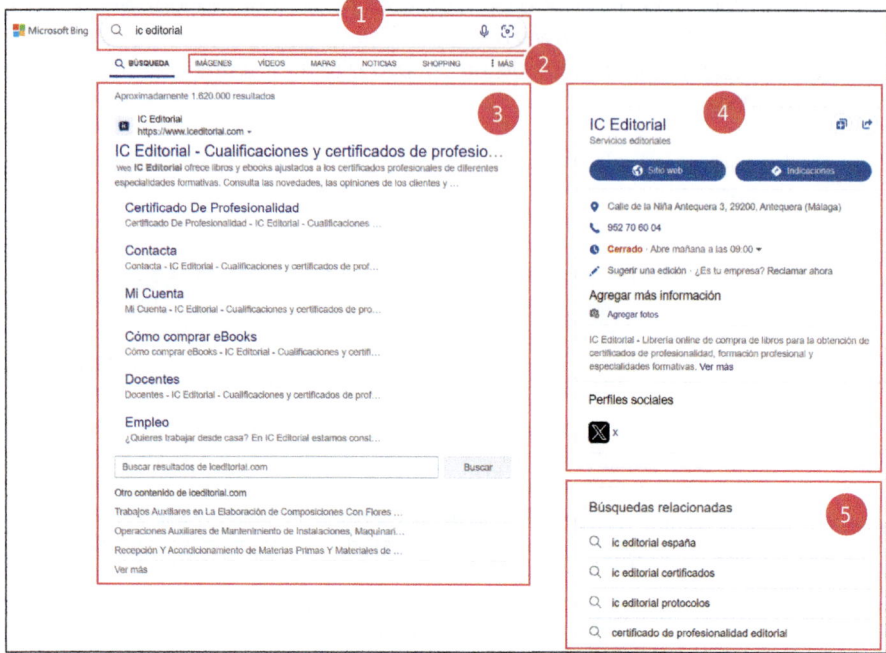

1. En la parte superior de la pantalla podemos ver el cuadro de búsqueda con la última entrada que hemos introducido.

2. Inmediatamente debajo del cuadro de búsqueda podemos ver de nuevo la barra de menú que nos permite buscar por un tipo de contenido específico (imágenes, vídeos, noticias, etc.).

3. A continuación, se muestran los resultados de nuestra búsqueda. Como puedes ver en la imagen, Bing nos ofrece la posibilidad de realizar **búsquedas internas,** de tal manera que únicamente nos mostrará resultados de contenidos ubicados dentro de un dominio específico.

4. Como en esta ocasión hemos buscado el nombre de una empresa concreta, *Bing* nos muestra en la columna de la derecha información relevante como, por ejemplo, los datos de contacto, el horario de apertura o sus perfiles en las redes sociales.

5. En la esquina inferior derecha podemos ver el cuadro de **Búsquedas relacionadas,** que contiene una serie de sugerencias de búsquedas que, probablemente, puedan ser de nuestro interés.

**ACTIVIDAD COMPLEMENTARIA**

1. Mar quiere que los vinos de su bodega puedan acreditar su calidad y se ha propuesto incluirlos dentro de una denominación de origen protegida, pero necesita conocer qué requisitos y especificaciones técnicas tiene que cumplir para obtener esta distinción.

   Ayuda a Mar en esta tarea y busca en internet alguno de los pliegos técnicos donde se indican los requisitos que han de cumplir los vinos para pertenecer a una denominación de origen protegida de tu elección.

## 3.9. Cotejo de las fuentes de información y reconocimiento de las fuentes confiables y no confiables

Como ya sabemos, internet está formado por miles de millones de páginas web en las que podemos encontrar todo tipo de información. Por desgracia, no existe ningún organismo o autoridad que revise la veracidad de todos estos contenidos, por lo que la información que encontremos en internet no siempre va a ser completamente fiable.

Por este motivo, es muy importante aprender a identificar cuáles son aquellas webs fiables y cuáles no. Para ello, te ofrecemos a continuación una serie de requisitos que ha de cumplir una página web para ser completamente fiable:

- **Indica cuáles son sus propias fuentes:** de este modo, cuanto más fiables sean estas fuentes, mayor será su fiabilidad.
- **Aplica razonamientos o interpretaciones comprensibles:** son más fiables aquellas webs que exponen sus ideas de una manera clara, transparente, sin ocultar información y sin sacar conclusiones disparatadas.
- **Evita el plagio y la repetición:** por lo general, suelen ser más fiables aquellas webs que crean contenido original y no se limitan a repetir tal cual lo que otros dicen, ni tampoco apropiarse de la información de terceros.
- **Ofrece distintas perspectivas:** resultan mucho más creíbles aquellas webs que intentan abarcar la mayor cantidad de puntos de vista posibles, aun cuando estos puedan ser contradictorios.
- **Está legitimada por terceros:** cuanto más confiable sea una web por otras fuentes responsables, más probabilidad tendrá de ser considerada como fiable por el público general.

## 3.10. Organización, almacenamiento y recuperación de los datos y contenidos de forma sencilla en entornos digitales

El sistema de almacenamiento de un ordenador se asemeja mucho a la manera en la que se ha almacenado tradicionalmente toda la documentación existente en una oficina.

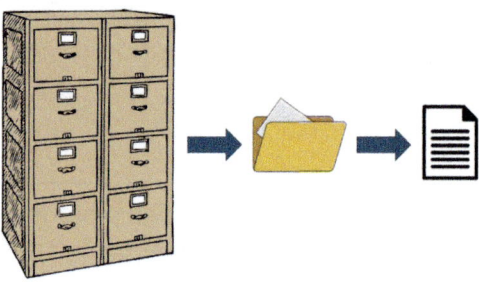

Imaginemos el típico gabinete archivador con múltiples cajones, dentro de los cuales podemos encontrar cientos de carpetas que, a su vez, albergan en su interior uno o varios documentos. Para encontrar fácilmente la información que necesitamos, tanto los cajones del archivador como las carpetas que contienen suelen están organizados en base a un orden cronológico o alfabético.

Pues bien, la mayoría de los sistemas operativos suelen emplear un sistema muy parecido a la hora de organizar toda la información, de tal forma que esta pueda ser encontrada fácilmente por los usuarios:

> Cada uno de los dispositivos de almacenamiento del ordenador serían como los distintos cajones del archivador.

> Dentro de cada dispositivo podemos encontrar numerosas carpetas organizadas alfabéticamente. Además, aunque esto no sea muy habitual en los archivos en papel, cada una de estas carpetas del ordenador puede albergar otras muchas carpetas en su interior.

> Finalmente, llegamos al último nivel de información, que equivaldría a nuestro documento en papel. Se trata de lo que en informática llamamos fichero o archivo. El cual representa una unidad de información que puede ser de muy distinta naturaleza como, por ejemplo: una fotografía, una factura, un vídeo promocional, etc., todos ellos son ejemplos de ficheros.

 **CONSEJO**

El sistema de almacenamiento en carpetas puede ser un gran aliado a la hora de organizar todos nuestros ficheros. Por ejemplo, si queremos almacenar todos los pedidos y las facturas, parece lógico crear distintas carpetas que contengan la documentación relativa a cada uno de nuestros clientes. De igual modo, si quisiéramos almacenar todas nuestras fotografías personales, podríamos crear una estructura de carpetas que las catalogara según la fecha en que fueron tomadas.

## 3.11. Búsqueda de relaciones entre los principales tipos de formato de archivo y el programa correspondiente (texto, imagen y audio, entre otros). Tipos de formato de archivos

Los sistemas operativos suelen utilizar distintas maneras para codificar la información almacenada en el ordenador. Cada una de ellas recibe el nombre de *formato,* por lo que podemos distinguir distintos formatos de archivo según el modo en el que se haya ordenado la información que contienen.

En los sistemas *Windows,* todos los nombres de ficheros están compuestos por dos partes bien diferenciadas:

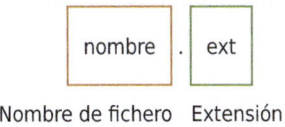

Nombre de fichero    Extensión

Por norma general, la **extensión** de un fichero es la que determina el su **formato**. Veamos algunos de los más característicos:

- ○ **Texto:** estos ficheros contienen información textual y suelen crearse mediante programas específicos para la edición de documentos de texto como *Microsoft Word* u *OpenOffice Writer*. Las extensiones más utilizadas son: **txt, docx** y **odt.**
- ○ **Imagen:** estos ficheros contienen un conjunto de datos con los cuales el ordenador puede representar todo tipo de imágenes, desde dibujos vectoriales a fotografías en alta resolución. Las extensiones más utilizadas son: **jpg, gif, bmp** y **png.**

- ⊃ **Audio:** estos ficheros contienen información sonora como grabaciones de voz o música. Las extensiones más utilizadas son: **wav, mp3** y **aac.**
- ⊃ **Vídeo:** estos ficheros almacenan imágenes y sonidos en movimiento como películas y videograbaciones. Las extensiones más utilizadas son: **avi, mp4, mpeg** y **mkv.**
- ⊃ **Lectura:** se trata de un formato diseñado para la publicación de libros y revistas, de tal modo que facilitan su lectura en programas específicos, pero no permiten su modificación. Las extensiones más utilizadas son: **pdf, epub, azw** e **ibook.**
- ⊃ **Archivos comprimidos:** se trata de un formato específico que permite almacenar en su interior una gran cantidad de ficheros que se someten a un procedimiento para reducir el tamaño que ocupan en el disco. Para ello, se hace uso de programas específicos de compresión y descompresión de datos. Las extensiones más utilizadas son: **zip, rar, tar** y **7z.**

 **EJEMPLO**

En una carpeta de nuestro ordenador nos encontramos los siguientes archivos:

`casa.jpg`

`factura.docx`

Si nos fijamos en su extensión, podemos determinar que `casa.jpg` es un fichero de tipo imagen. La cual podremos abrir con el visor de imágenes de nuestro sistema operativo.

Sin embargo, el fichero `factura.odt` es un documento de texto, que podremos abrir con cualquier aplicación de procesamiento de texto como *Microsoft Word* u *OpenOffice Writer*.

 **APLICACIÓN PRÁCTICA**

**Mar ya tiene claro cómo va a ser su nuevo proyecto para la bodega y le gustaría poder enviarlo a distintas administraciones y fundaciones de mecenazgo para solicitar algún tipo de inversión que le permita**

*Continúa en página siguiente >>*

*<< Viene de página anterior*

**comenzar lo antes posible. Sin embargo, a la hora de redactar los detalles del proyecto en su nuevo ordenador, no tiene muy claro cuál de los siguientes formatos debería utilizar para poder enviar su documento de tal manera que facilite su lectura, pero con las suficientes garantías de que nadie va a poder modificar su contenido original.**

**¿Cuál sería la extensión de archivo más idónea para este caso particular?**

**Solución**

Aunque las opciones txt y docx están pensadas para crear documentos de texto, ninguna de ellas garantiza que posteriormente nadie modifique el documento final. Además, no están optimizados para su lectura por terceras personas.

El formato pdf no solo garantiza que el fichero no va a poder ser modificado, sino que además facilita enormemente su lectura al estar optimizado para ser visualizado con programas específicos para tal fin.

El formato jpg sería el menos indicado en esta ocasión, ya que está específicamente diseñado para el almacenamiento de imágenes pero no para almacenar documentos de texto, para los cuales se trataría de un formato bastante ineficiente.

---

## 3.12. Descarga de algún tipo de archivo al ordenador y guardarlo organizando la información de forma sencilla y en un entorno estructurado de carpetas y archivos

Cuando hacemos clic en un enlace que no apunta a una página web, sino a cualquier otro tipo de fichero como los que acabamos de ver en el apartado anterior, el navegador nos mostrará una ventana del explorador de archivos, que nos permitirá descargar este recurso y almacenarlo en nuestro ordenador.

Cuando descarguemos contenido de internet, conviene evitar prácticas como guardar todos nuestros documentos en una única carpeta, pues será muy difícil encontrarlos cuando volvamos a necesitarlos.

En su lugar, resulta mucho más conveniente hacer uso de una estructura ordenada como la que propone el propio sistema *Windows:*

**Descargas**
- Es la carpeta por defecto que selecciona nuestro navegador para almacenar todos los archivos que descargamos de internet. Podemos guardar en esta carpeta aquellos ficheros que no necesitemos volver a consultar en un futuro, al ser una información que solo vamos a consultar en una única vez. Conviene, eso sí, revisar periódicamente el contenido de esta carpeta y eliminar aquellos ficheros que ya no vayamos a usar.

**Documentos**
- Alberga todos aquellos archivos de uso privado que no pueden ser accesibles por ningún otro usuario del sistema.

**Imágenes**
- Está destinada a almacenar todas nuestras fotografías dibujos e ilustraciones. *Windows* suele crear automáticamente pequeñas miniaturas con el contenido de las imágenes que guardemos en su interior, facilitando en gran medida su búsqueda.

**Música**
- Está destinada almacenar contenido en formato audio.

**Vídeos**
- Está destinada almacenar contenido multimedia en formato vídeo.

**Objetos 3D**
- Se trata de una carpeta destinada a guardar todas las imágenes tridimensionales que podamos generar con aplicaciones específicas como *Paint 3D.*

## 3.13. Recuperación de los archivos descargados y abrirlos

Si hemos utilizado una estructura de carpetas organizada, será muy sencillo recuperar todos aquellos documentos que hayamos descargado de internet.

Para ello, basta con pulsar el botón **Inicio** y hacer clic sobre el icono del **Explorador de archivos.** Automáticamente nos llevará a la carpeta **Documentos** y, a través del menú lateral, podremos descubrir el contenido de cada una de las carpetas de nuestro sistema.

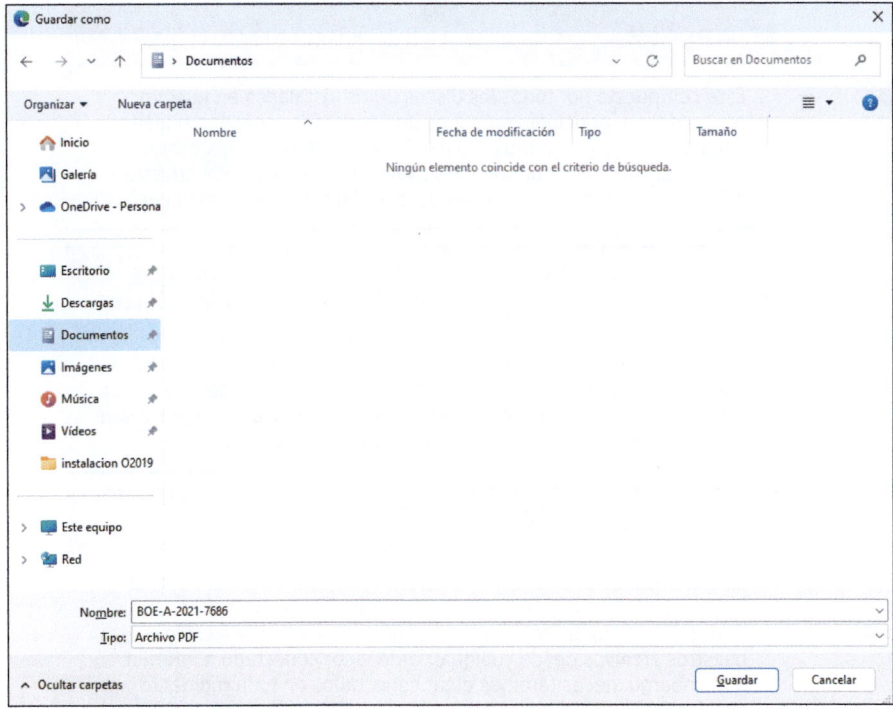

## NOTA

Una de las novedades incluidas en el explorador de archivos de *Windows 11* es la posibilidad de usar distintas **pestañas** como si de un navegador web se tratase. Esto evita tener que abrir varias ventanas del explorador y, además, posibilita tener a mano el contenido de varias carpetas en una única ventana.

## 3.14. Almacenamiento en ubicación local, dispositivo extraíble y en repositorio en la nube

Los sistemas operativos modernos disponen de varios métodos para almacenar todos nuestros archivos y documentos. Entre ellos se destacan los siguientes:

| Almacenamiento local |
|---|

- Está compuesto por todos los discos duros instalados en nuestro ordenador, su principal ventaja es que podemos acceder a nuestros documentos de forma muy rápida. Por el contrario, es necesario realizar copias de seguridad para prevenir la pérdida toda nuestra información importante en caso de que el disco duro se estropee.

| Dispositivos extraíbles |
|---|

- Están compuestos por CD, DVD y demás dispositivos de almacenamiento USB. Este tipo de dispositivos tienen la ventaja que nos permiten realizar copias de seguridad de nuestros documentos e incluso llevarlos con nosotros en todo momento. Si bien su velocidad de acceso no suele ser tan alta como la de los discos duros.

| Almacenamiento en la nube |
|---|

- Existen muchos servicios en internet que nos permiten almacenar todos nuestros documentos en un servidor dedicado para tal fin. La principal ventaja de este método es que vamos a poder acceder a nuestros archivos desde cualquier ordenador conectado a internet. Sin embargo, necesitaremos estar conectados en todo momento para poder hacer uso de ellos.

## 4. Utilización segura y responsable de dispositivos en entornos digitales

### 👉 HILO CONDUCTOR

Mar se siente muy orgullosa por haber logrado digitalizar toda la documentación administrativa de la empresa: resulta mucho más práctico encontrar lo que necesita haciendo uso de su ordenador, en lugar de tener que buscar entre los cientos de documentos en papel almacenados en los archivadores de la oficina.

Sin embargo, uno de sus empleados más veteranos le ha advertido de los riesgos que supone guardar toda esa información tan valiosa en su ordenador. Este trabajador conoce casos de algunas empresas que han sufrido varios ataques de piratas informáticos y estas, en consecuencia, no han podido trabajar debido a que los ciberdelincuentes habían robado todos sus datos.

Al introducir esta unidad, ya hablábamos de la importancia de las nuevas tecnologías de la información en la llamada Industria 4.0. No en vano, hoy en día la información está considerada como el recurso intangible más importante para una empresa, pues de su control va a depender gran parte de nuestra actividad comercial.

Se estima que tan solo una mínima parte de las empresas que sufre algún tipo de incidente con pérdidas significativas de información son capaces de continuar con su actividad empresarial después del suceso. Por este motivo, resulta imprescindible implantar una serie de medidas de seguridad que nos ayuden a proteger este activo tan valioso.

## 4.1. Descripción de técnicas elementales de protección de dispositivos y sus riesgos y amenazas

Durante los últimos años hemos asistido a una auténtica revolución en la digitalización de las empresas, pues cada vez son más las que confían en las nuevas tecnologías para gestionar toda la información relevante para sus procesos de negocio.

Este fenómeno no ha pasado desapercibido para los ciberdelincuentes que se afanan por desarrollar nuevos métodos para explotar las posibles vulnerabilidades, tanto de los propios equipos informáticos, como de las redes de comunicación a las que estos se conectan.

Veamos, a continuación, cuáles son algunas de las amenazas más importantes y que más daño suelen causar a las empresas:

- **Ataques de *phishing*:** se trata de uno de los métodos más empleados para conseguir datos confidenciales (nombres de usuario, contraseñas, cuentas bancarias, etc.) de los usuarios de internet. El *modus operandi* consiste en redactar un correo electrónico haciéndose pasar por algún tipo de institución de confianza como, por ejemplo, una entidad bancaria, solicitando que hagamos clic sobre un falso enlace que, aparentemente, nos llevará a la página web de la entidad. En realidad, este enlace nos dirigirá a la web del atacante, donde intentará hacerse con nuestra información confidencial.
- **Ataques de secuestro de datos *(ransomware)*:** se trata de un tipo de *software* malicioso empleado por los ciberdelincuentes para robar nuestra información confidencial y mantenerla encriptada bajo un código de acceso. Así, el siguiente paso consiste en extorsionar a los empresarios para que les entreguen grandes sumas de dinero a cambio de dicho código, sin el cual nunca podrán recuperar toda su información.

- **Ataques de denegación de servicios *(DDoS)*:** consiste en enviar numerosas solicitudes simultáneas a nuestros servidores con el objetivo de superar su capacidad de procesamiento y, de este modo, colapsar el sistema impidiendo que nuestros clientes y usuarios puedan acceder a este servicio.

- **Software malicioso *(malware)*:** se trata de una serie de programas, conocidos comúnmente como virus informáticos, cuyo principal objetivo es aprovechar las posibles vulnerabilidades de nuestros sistemas para realizar todo tipo de operaciones no autorizadas como, por ejemplo, destruir información, instalar programas para espiar nuestras actividades, etc.

- **Correo no deseado *(spam)*:** se trata de una práctica que consiste en el envío de miles de mensajes de correo electrónico no solicitados por sus destinatarios. En la mayoría de los casos, estos mensajes tienen el único objetivo de hacernos llegar información publicitaria, aunque también puede usarse para difundir *software* malicioso.

- **Inyección de SQL:** se trata de una técnica por la cual los ciberdelincuentes introducen en nuestro sistema algún tipo de código en lenguaje SQL *(Structured Query Language)* para tratar de acceder a nuestras bases de datos.

- **Amenazas internas:** quizás algunas de las principales vulnerabilidades para la ciberseguridad de una empresa puedan ser los malos hábitos que tienen sus empleados a la hora de ingresar al sistema. Por este motivo, es importante concienciar a los empleados sobre la importancia de mantener en secreto las claves y contraseñas de acceso, para minimizar así los riesgos ante un posible robo de datos.

---

## 4.2. Uso de herramientas antivirus, medidas de seguridad y precauciones a seguir

Llamamos *antivirus* a un conjunto de herramientas de seguridad cuyo principal objetivo es el de detectar y eliminar todo tipo de *software* malicioso *(malware)* que pueda haber "infectado" nuestro ordenador.

El sistema operativo *Windows 11* incluye un completo antivirus llamado *Microsoft Defender.* Para activarlo, tan solo has de seguir los siguientes pasos: **Inicio → Configuración → Actualización y seguridad → Seguridad de Windows → Protección contra virus y amenazas → Administrar la configuración.**

Y, por último, cambiar el valor de **Protección en tiempo real** a **Activado.**

De esta manera, el antivirus *Microsoft Defender* se activará automáticamente cada vez que inicies el ordenador.

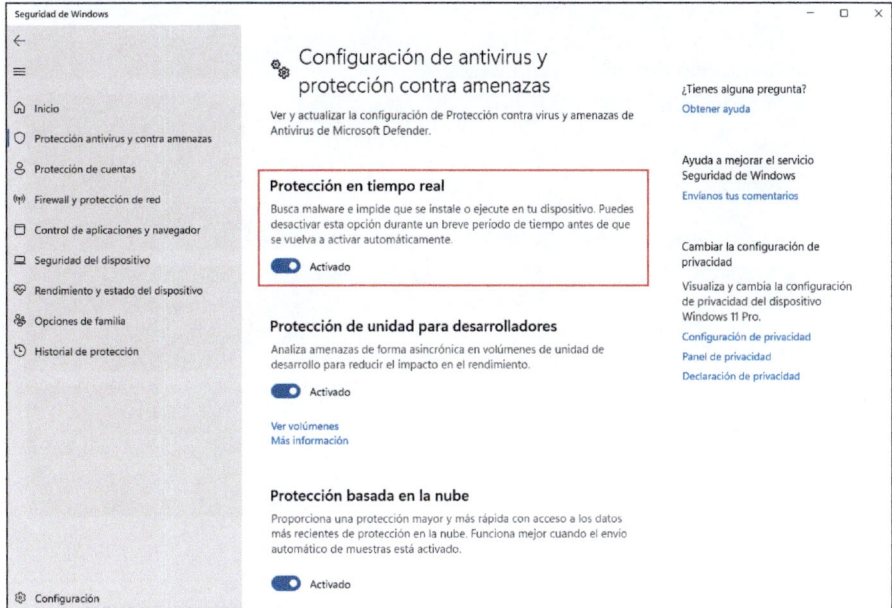

Sin embargo, los programas antivirus no son infalibles. Por lo que, si queremos mantener a salvo nuestro ordenador, conviene adoptar una serie de precauciones y medidas de seguridad que minimicen el riesgo de convertirnos en víctimas de cualquier *malware*. Basta con seguir los siguientes consejos:

**Mantén todo el *software* actualizado**
- A menudo, los programadores detectan todo tipo de vulnerabilidades en sus programas y se apresuran a sacar una nueva versión mejorada de los mismos. Por esta razón, conviene actualizar nuestros programas a las últimas versiones, que son más seguras.

**Instala un *software* de tipo cortafuegos *(firewall)***
- *Windows* trae su propio cortafuegos instalado y activado de serie.

*Continúa en página siguiente >>*

*<< Viene de página anterior*

**No abras datos adjuntos sospechosos ni hagas clic en los enlaces inusuales**
- Muchos virus se transmiten a través de mensajes de correo electrónico o publicaciones en las redes sociales.

**Navega por la web de forma segura**
- Evita sitios que ofrezcan contenido potencialmente ilegal, ya que muchos de estos sitios ofrecen descargas que contienen *software* malicioso. Los navegadores modernos como *Microsoft Edge* pueden ayudar a bloquear sitios web malintencionados.

**No uses dispositivos USB externos si no son de confianza**
- Este tipo de dispositivos suelen ser el lugar preferido por los *malware* para propagarse de un ordenador a otro.

**No hagas uso de contenido pirateado**
- No descargues películas, música, libros o aplicaciones que no provengan de una fuente de confianza. En muchos casos suelen venir acompañada de *software* malicioso que puede infectar nuestro ordenador.

## 4.3. Consulta y protección de los datos personales y privacidad

Es muy habitual que la mayoría de las páginas web que visitamos soliciten un registro con nuestros datos personales para acceder a todo tipo de servicios.

No obstante, hemos de ser muy cuidadosos con este tipo de información, pues suele ser utilizada por muchas de estas empresas para elaborar un perfil en base al cual nos van a ofrecer todo tipo de anuncios publicitarios que se ajusten lo más posible a nuestros gustos y necesidades.

Aunque a primera vista esto no parece un gran problema, hemos de tener en cuenta que este tipo de información es utilizada en muchas ocasiones por ciberdelincuentes para fines mucho más dañinos como estafas, robo de tarjetas de crédito o suplantación de identidad.

A continuación, te mostramos algunos consejos que te ayudarán a proteger tus datos personales y tu privacidad:

1. **Usa contraseñas seguras:** nunca utilices una misma contraseña para todas tus cuentas y procura que tus contraseñas no se basen en datos

como fechas de nacimiento, aniversarios o números de teléfono (ya que son datos fáciles de obtener por los ciberdelincuentes).

2. **Haz uso de la autenticación en dos pasos:** se trata de un mecanismo que requiere más de una validación para poder identificarte como, por ejemplo, escribir una contraseña y recibir un mensaje de texto en tu teléfono móvil.

3. **Evita conectarte a redes wifi públicas:** este tipo de redes, por su escaso nivel de seguridad, son las preferidas por los ciberdelincuentes para obtener datos personales de sus víctimas. Si no te queda más remedio que hacer uso de estas redes, evita hacer compras en línea o transacciones bancarias.

4. **Navega por sitios web verificados:** comprueba si la dirección de la página que estás visitando comienza con las siglas https. Esto quiere decir que los datos que compartas van a viajar por un canal seguro.

5. **Instala las actualizaciones de seguridad:** los sistemas operativos suelen ofrecer actualizaciones periódicas en línea que subsanan las vulnerabilidades encontradas. Es muy importante tener nuestro sistema operativo en todo momento actualizado a la última versión.

6. **No instales aplicaciones de dudosa procedencia:** estas aplicaciones pueden contener un *software* malicioso que se ejecuta de manera oculta para tener acceso a tus datos personales.

7. **Evita guardar tus contraseñas en los dispositivos:** si algún *malware* infecta tu ordenador, no le será muy difícil encontrar todas estas contraseñas. En su lugar, instala algún programa gestor de contraseñas, este se encarga de generar contraseñas seguras y mantenerlas a buen recaudo.

8. **No compartas información personal en las redes sociales:** en su lugar, utiliza la opción de configurar la privacidad para decidir quiénes tienen acceso a datos sensibles como tu dirección, tu teléfono o tu dirección de correo electrónico.

---

## 4.4. Gestión de la privacidad limitando los datos a compartir

Cada vez que visitamos una página web suele ser muy habitual que nos aparezca una advertencia indicando que dicha web utiliza *cookies* y nos pide nuestro consentimiento para hacer uso de ellas.

 **DEFINICIÓN**

*Cookie*
Se trata de un pequeño fichero de datos que las páginas web almacenan en nuestro ordenador cada vez que las visitamos.

- - - - - - - - - - - - - - - - - - - - - - - - - - - - - - - - - - - - - - - - - -

Por norma general, las páginas web utilizan estas *cookies* para los siguientes objetivos:

➲ Anotar cuándo fue la última vez que accedimos a la web.
➲ Conocer nuestros hábitos de navegación.

En un principio, sus usos se limitaban a mejorar nuestra experiencia de usuario y proporcionarnos servicios como: no tener que introducir nuestro usuario y contraseña cada vez que visitemos la web o almacenar los productos en nuestra "cesta de la compra" previamente al pago del pedido en cualquier tienda *online.*

Sin embargo, las empresas de publicidad y *telemarketing* pronto se dieron cuenta de que las *cookies* podrían ser de gran utilidad para ofrecer mensajes publicitarios adaptados a nuestros gustos e intereses, los cuales podrían deducirse fácilmente a partir de nuestros datos de navegación. Esto supone una intromisión en nuestra intimidad. Por esta razón, las webs están obligadas a solicitar nuestro consentimiento explícito antes de hacer uso de este tipo de ficheros.

Si hacemos uso del navegador *Microsoft Edge* que viene integrado en nuestro sistema operativo *Windows,* podemos eliminar todas las *cookies* que tengamos almacenadas de una manera muy sencilla:

1. Pulsa sobre el botón **Configuración y más** [...] que se encuentra en la esquina superior derecha de la ventana de navegación.
2. Selecciona la opción **Configuración → Privacidad, búsqueda y servicios.**
3. En la sección **Elegir lo que se debe borrar,** pulsa sobre **Borrar datos de exploración → Borrar datos de exploración ahora.**
4. En la opción **Intervalo de tiempo,** elige uno de los valores de la lista según quieras borrar las *cookies* almacenadas en la última hora, en el último día, la última semana, etc.
5. Selecciona **Cookies y otros datos del sitio** y después **Borrar ahora.**

## NOTA

La gestión de *cookies* del navegador *Edge* es muy completa, pues nos ofrece la posibilidad de eliminar las *cookies* para un sitio web determinado o incluso borrar todas las *cookies* cada vez que dejemos de usar el navegador.

## 4.5. Protección de la salud y el bienestar en el uso de los entornos digitales. Iluminación, ergonomía y tiempo de uso

Aunque *a priori* el trabajo con ordenadores no pueda parecer una profesión peligrosa, la cantidad de horas que podemos llegar a estar sentados frente a una pantalla nos obligan a seguir una serie de recomendaciones para proteger nuestra salud durante la jornada laboral:

⮑ **Condiciones ambientales:**

- ◑ **Iluminación:** ubicar los puestos de trabajo lo más alejados posibles de las ventanas para evitar reflejos. En todo caso, necesitaremos un nivel de iluminación mínimo de 500 lux para trabajar de forma segura.
- ◑ **Ruido:** el nivel de ruido ambiental deberá ser el mínimo posible. No excediendo en ningún caso los 55 dB.
- ◑ **Temperatura y humedad:** se recomienda que la temperatura oscile entre los 20 °C y los 24 °C, en invierno, y entre los 23 °C y los 26 °C en verano. Igualmente, el grado de humedad relativa debería permanecer entre el 45 % y el 65 %.

⮑ **Espacio de trabajo:**

- ◑ **La mesa:** la superficie disponible debe ser lo suficientemente amplia para albergar la pantalla, el teclado y la documentación de trabajo. Bajo la mesa deberá haber espacio suficiente para permitir la movilidad de las piernas.
- ◑ **La silla:** debe ser regulable en altura para poder apoyar los codos sobre la mesa. Igualmente, deberá permitir regular el respaldo para adaptarse a la curvatura de la columna en la zona lumbar.
- ◑ **Reposapiés:** será necesario cuando, tras regular la altura de la silla, no podamos apoyar los pies en el suelo.

◑ **Ergonomía:**

- ◔ El tronco debe estar en posición vertical y la línea de visión ha de ser paralela al plano horizontal.
- ◔ La distancia a la pantalla debe ser superior a 40 cm.
- ◔ Los muslos deben estar colocados en posición horizontal, con las piernas verticales o ligeramente extendidas con los pies descansando sobre el suelo.
- ◔ Los brazos deben estar en posición vertical y los antebrazos en posición horizontal, formando un ángulo recto a la altura del codo.
- ◔ Los antebrazos y las manos deben de estar alineados en un mismo eje y en una postura relajada.

◑ **Tiempo de uso:**

- ◔ Por norma general deberíamos hacer pausas de entre 10 y 15 min cada 90 min de trabajo con pantallas.
- ◔ Si el trabajo que estemos realizando requiere un alto grado de atención, deberíamos descansar cada 60 min de trabajo.
- ◔ En caso de que el trabajo requiera poca o escasa atención, podríamos prolongar los intervalos hasta 2 h entre cada pausa.

## 4.6. Utilización de las técnicas de protección del ciberacoso

El desarrollo de las nuevas tecnologías también ha traído consigo una serie de consecuencias negativas. Una de ellas ha sido el aumento de casos de ciberacoso.

## DEFINICIÓN

**Ciberacoso o *ciberbullying***
Es el contacto u hostigamiento repetido y no deseado hacia una persona, haciendo uso de cualquier tecnología de comunicación electrónica, como la mensajería instantánea, los chats, el correo electrónico o las redes sociales.

Desgraciadamente, el aumento del uso de las nuevas tecnologías por parte de la población infantil y juvenil ha propiciado que las situaciones de acoso se hayan extendido también a internet, lo cual suele causar un daño aún mayor a las víctimas por no saber cómo huir de una situación que, aun existiendo únicamente en un entorno digital, se prolonga durante las 24 h del día, los 7 días de la semana.

## SABÍAS QUE...

Según el *Estudio sobre acoso escolar y ciberacoso en España en la infancia y en la adolescencia* de la Unidad de Psicología Preventiva de la Universidad Complutense de Madrid, más del 10 % del alumnado encuestado reconoce haber sido víctima de alguna situación de ciberacoso.

https://redirectoronline.com/fcoi080114

No obstante, existe una serie de recomendaciones que puedes seguir para reducir el riesgo de llegar a ser víctima de una situación de ciberacoso:

1. **Mantén los perfiles de las redes sociales en modo privado:** de esta manera, tendremos control sobre el número de personas con las que compartimos nuestra información. Conviene no aceptar solicitudes de desconocidos y mantener bajo control a nuestros "amigos virtuales" y seguidores.
2. **Utiliza contraseñas seguras:** una contraseña adecuada debe cumplir una serie de requisitos para ofrecerte un alto nivel de seguridad (utiliza una combinación de letras mayúsculas y minúsculas, números y signos de puntuación). Procura cambiar tu contraseña regularmente y nunca uses la misma para todas tus cuentas.
3. **Lee las políticas de uso de las distintas plataformas por las que navegues:** es importante conocer de primera mano qué es aquello que estás aceptando cuando te das de alta en cualquier plataforma digital.
4. **Vigila la información que compartes por internet:** has de ser muy cuidadoso con todos aquellos datos personales (nombre, apellidos, correo electrónico, dirección, teléfono, fotografías y vídeos) que compartes a través de internet.

5. **Haz uso de la función de bloqueo:** pues te va a permitir denegar todo tipo de contacto a aquellos usuarios que te hagan llegar mensajes inapropiados o sospechosos.
6. **Pide ayuda a tus amigos, padres o terceras personas:** cuando sientas que eres víctima de una situación de ciberacoso, es muy importante que lo compartas con alguna persona de tu círculo de confianza. Conviene atajar este tipo de situaciones lo antes posible, para evitar que se conviertan en un problema de mayor gravedad.
7. **Guarda todo aquello que te pueda servir como prueba:** un *e-mail,* una conversación de chat o una publicación de internet pueden ser de gran ayuda para probar una situación de ciberacoso.

___

## 4.7. Uso de las tecnologías digitales de forma respetuosa con el entorno y con el medioambiente

Aunque a veces no seamos muy conscientes de ello, el uso de ordenadores y demás dispositivos tecnológicos tiene una importante huella medioambiental, pues su uso implica un consumo de energía considerable.

Veamos algunos consejos para hacer un uso de nuestros dispositivos de una manera más eficiente y respetuosa con el medioambiente:

1. Ajusta el brillo de la pantalla a un nivel medio o bajo para ahorrar entre un 15 % y un 40 % de energía.
2. Utiliza imágenes con colores oscuros para tu fondo de pantalla de escritorio.
3. Apaga la pantalla en lugar de dejarla en *standby.*
4. Utiliza el modo suspensión (o hibernación) cuando no vayas a utilizar el equipo durante breves períodos de tiempo (10–30 min).
5. Apaga el ordenador cuando vayas a dejar de usarlo durante mucho tiempo: en períodos vacacionales y de fin de semana.
6. Utiliza regletas eléctricas con interruptor para apagar fácilmente la pantalla junto con el resto de los periféricos conectados (altavoces, impresora, etc.).
7. Haz uso del modo "ahorro de energía" de la impresora o fotocopiadora para los períodos en los que permanece inactiva.
8. Apaga la fotocopiadora y la impresora cuando no vayan a utilizarse durante un largo período de tiempo.
9. Algunos periféricos inalámbricos como el teclado o el ratón funcionan con pequeñas pilas o baterías recargables. Por este motivo conviene desconectarlos al final de cada jornada laboral.

## 5. Resumen

En los últimos años, el desarrollo de las tecnologías de la información y las comunicaciones han provocado importantes cambios en nuestra sociedad, los cuales han obligado a las empresas a digitalizar sus procesos de negocio y a mejorar sus productos y servicios para adecuarlos a las demandas de los consumidores. Es lo que se conoce como *Cuarta Revolución Industrial* o *Industria 4.0.*

La principal herramienta de trabajo para las pequeñas y medianas empresas es el ordenador personal, formado por un conjunto de componentes físicos al que llamamos *hardware* y un conjunto de programas y aplicaciones al que llamamos *software.*

El principal componente del *software* es el sistema operativo, formado por un conjunto de programas que nos permitirá tener un control total sobre el funcionamiento de nuestro ordenador.

Existen distintos tipos de ordenadores y de sistemas operativos específicos según el tipo de tareas que vayamos a realizar:

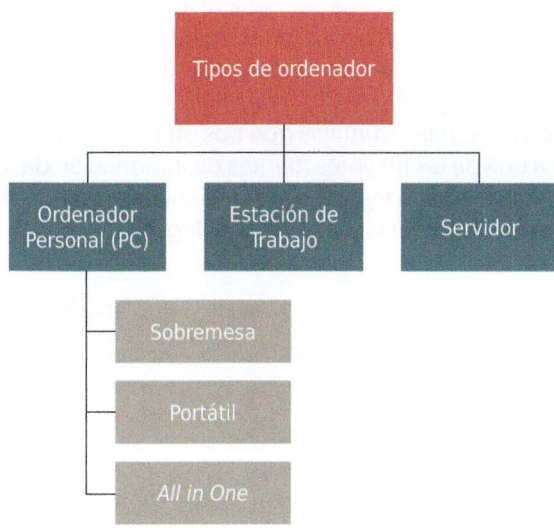

Para encender nuestro ordenador, en la mayoría de los casos, basta con pulsar el botón de encendido. Sin embargo, a la hora de apagarlo debemos hacerlo a través del botón de **Inicio** y la opción de **Apagado,** el cual nos mostrará las siguientes opciones:

El botón de **Inicio** no solo nos permitirá apagar nuestro ordenador, sino que también nos dará acceso a la totalidad de programas y aplicaciones instaladas en nuestro sistema como, por ejemplo:

Pero hoy en día no podemos concebir un ordenador sin conexión a internet, ya que la denominada *red de redes* se ha convertido en una herramienta indispensable para el desarrollo de la actividad empresarial.

Una de las principales ventajas que nos ofrece internet es la posibilidad de acceder a una de las mayores fuentes de información de todos los tiempos. Se calcula que existen más de 2.500 millones de páginas web entre las cuales podemos distinguir las siguientes categorías:

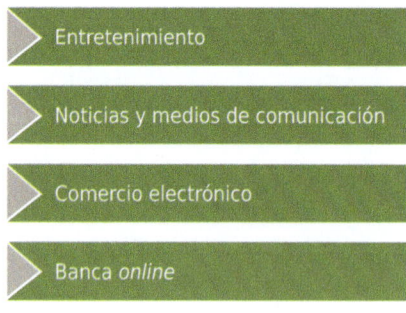

*Continúa en página siguiente >>*

*<< Viene de página anterior*

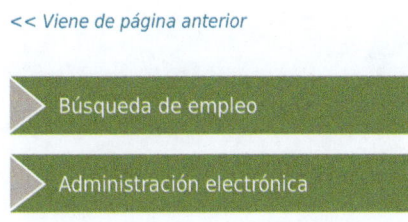

Búsqueda de empleo

Administración electrónica

Es tal la cantidad de webs que nos resultaría imposible acceder a toda esta información de no ser por la ayuda de unas webs específicas denominadas *motores de búsqueda* o *buscadores web.*

Uno de los buscadores web más avanzados es *Bing,* que viene integrado de serie en el sistema operativo *Windows 11* y nos permite realizar búsquedas desde el menú de **Inicio**.

A medida que navegamos por internet, podemos descargar muchos de los recursos de información en nuestro propio ordenador. Para ello, el sistema operativo nos proporciona una organización basada en un sistema de archivos y carpetas que nos ayudarán a tener toda nuestra documentación bien ordenada.

Todos estos archivos y carpetas se almacenan en los distintos dispositivos de almacenaje de nuestro ordenador; entre los cuales se pueden distinguir los siguientes tipos:

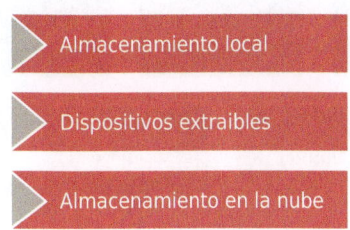

Almacenamiento local

Dispositivos extraibles

Almacenamiento en la nube

En el sistema operativo *Windows 11,* los nombres de los ficheros llevan asociada una extensión, que es la que determina su formato y el uso que le podemos dar. Algunos de los formatos más utilizados son los siguientes:

Pero el uso de dispositivos informáticos en la empresa, aunque supone grandes ventajas para nuestro trabajo, no está exenta de riesgos que debemos tener en cuenta, entre los más comunes podemos destacar los siguientes:

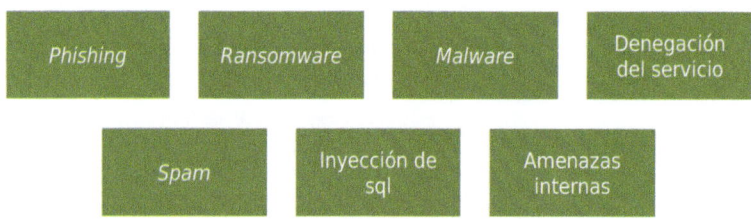

Para minimizar estos riesgos, es conveniente hacer uso de un *software* específico de seguridad como los antivirus y los *firewalls.* Aunque también conviene seguir las siguientes recomendaciones:

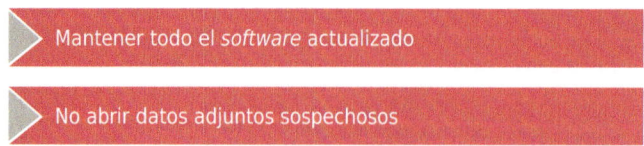

*Continúa en página siguiente >>*

*<< Viene de página anterior*

Navegar por la web de forma segura

No usar dispositivos USB externos que no sean de confianza

No hacer uso de contenido pirateado

# Ejercicios de autoevaluación
# Unidad de Aprendizaje 1

**1. ¿Cuál de los siguientes componentes de un ordenador se encarga de controlar al resto de los componentes del sistema?**

    a. Memoria
    b. Placa base
    c. Periféricos
    d. Microprocesador

**2. Determina si la siguiente oración es verdadera o falsa: "El Sistema Operativo es el conjunto de programas que nos permite gestionar cada uno de los componentes del ordenador".**

    ■ Verdadero
    ■ Falso

**3. ¿Qué nombre reciben aquellos ordenadores de altas prestaciones especialmente diseñados para uso profesional?**

    a. Sobremesa
    b. Portátil
    c. *Workstation*
    d. *All in One*

**4. ¿Cuál de las siguientes opciones de apagado solo está disponible en algunos ordenadores portátiles?**

    a. Apagar
    b. Suspender
    c. Hibernar
    d. Reiniciar

**5. ¿Cuál de los siguientes navegadores web viene incorporado de serie en el sistema operativo *Microsoft Windows 11*?**

    a. Chrome
    b. Firefox

    c. Edge
    d. Opera

**6. ¿Con qué siglas se puede denominar también a una dirección de internet?**

    a. USB
    b. PDF
    c. JPG
    d. URL

**7. ¿Cuál de las siguientes características no es propia de una página web que nos ofrece una información fiable?**

    a. Ofrece distintas perspectivas.
    b. Se limita a repetir tal cual lo que otras webs dicen.
    c. Indica cuáles son sus propias fuentes.
    d. Aplica razonamientos o interpretaciones comprensibles.

**8. ¿Cuál de las siguientes extensiones se corresponde con un archivo en formato texto?**

    a. mkv
    b. jpg
    c. odt
    d. aac

**9. ¿Cuál de las siguientes es una de las novedades incluidas en el explorador de archivos de *Windows 11*?**

    a. Menú lateral
    b. Buscador
    c. Miniaturas
    d. Pestañas

**10. ¿Cuál de los siguientes ataques consiste en enviar numerosas solicitudes simultáneas para tratar de colapsar nuestros servidores?**

    a. DDoS
    b. SPAM

c. *Malware*
d. *Ransomware*

# Comunicación y creación de contenidos en entornos digitales

## Contenido

## Objetivos

El objetivo general de esta Unidad de Aprendizaje es:

→ Adquirir competencias digitales básicas que permitan aprovechar las posibilidades asociadas a las tecnologías digitales para la comunicación, la creación de contenidos y la resolución de problemas de acuerdo con el Marco de Competencias Digitales para la Ciudadanía de la Unión Europea.

Los objetivos específicos de esta Unidad de Aprendizaje son:

→ Establecer una comunicación con los colaboradores a través de las tecnologías digitales.

→ Utilizar aplicaciones básicas para la creación de contenidos digitales.

→ Resolver problemas elementales haciendo uso de las tecnologías digitales.

# 1. Introducción

Como ya vimos en la unidad anterior, en los últimos años nuestra sociedad ha sufrido profundos cambios motivados, principalmente, por el desarrollo de la informática y las nuevas tecnologías.

Una de las tecnologías que más ha impactado en nuestro modo de vida ha sido internet. Pues está muy presente en cada una de nuestras rutinas desde el mismo instante en que nos levantamos: consultamos la predicción del tiempo, leemos las últimas noticias, revisamos nuestro correo electrónico y nuestras redes sociales, escuchamos la radio *online* o vemos el último capítulo de nuestra serie favorita, etc.

Podría decirse que internet está omnipresente en cada uno de nuestros hábitos cotidianos. Pero también se ha vuelto imprescindible en las relaciones empresariales: los pedidos electrónicos a nuestros proveedores, las reuniones de videoconferencia con nuestros colaboradores, las facturas electrónicas o las tiendas *online* son ya muy habituales para cualquier tipo de empresa.

En esta unidad vas a aprender cómo internet puede ser un gran aliado para la gestión de tu empresa y, para ello, continuaremos con el caso de Mar: una joven empresaria que acaba de heredar una de las bodegas con más historia de su región y que se ha propuesto adaptarla a los nuevos tiempos.

# 2. Comunicación y colaboración con otros usuarios mediante tecnologías digitales

 **HILO CONDUCTOR**

Poco a poco Mar está adquiriendo bastante soltura con las distintas herramientas ofimáticas y podría decirse que no tiene ningún problema en hacer uso del procesador de textos o de la hoja de cálculo para elaborar cualquier tipo de documento administrativo.

Sin embargo, presiente que aún podría dar un paso más en la digitalización de su empresa. Por ejemplo, haciendo un mayor uso de internet a la hora de realizar las gestiones que ocupan su día a día al frente de la empresa.

Nuestra forma de comunicarnos ha cambiado radicalmente en los últimos años y, sin lugar a duda, internet ha sido la principal causa de esta transformación.

Antiguamente, si queríamos leer las últimas noticias teníamos que desplazarnos hasta el quiosco de prensa más cercano y adquirir un ejemplar de nuestro periódico local. Hoy en día podemos estar al día no solo de las noticias de nuestro entorno, sino de cualquier parte del mundo de una manera inmediata y haciendo uso de nuestro *smartphone*.

Pero internet no es solamente un repositorio de información. Quizá lo pudo ser en sus orígenes, pero a raíz de los cambios introducidos durante los primeros años del siglo XXI, se ha convertido en una red de comunicación global, en la que cualquier usuario tiene la posibilidad de generar sus propios contenidos e intercambiar información con cualquier otra parte del mundo.

Así, internet ha transformado profundamente nuestra sociedad y la manera en la que nos relacionamos: si antes solíamos debatir con nuestro círculo de amistades o compañeros de trabajo, ahora podemos hacerlo con personas de cualquier lugar del mundo.

## 2.1. Selección de tecnologías digitales para interactuar según necesidades más habituales *(e-mail,* herramientas de videoconferencia, entre otros)

Internet se ha convertido en el principal medio de comunicación de nuestra sociedad. Por esta razón, resulta indispensable para cualquier empresa actual conocer las distintas herramientas de comunicación por internet para poder estar en contacto directo con nuestros clientes y colaboradores.

Hoy en día existen diversas tecnologías digitales que nos permiten comunicarnos con otros usuarios de internet y que, según sus características particulares, podemos clasificar de la siguiente manera:

| Síncronas | - Son aquellas en las que, para que la comunicación se produzca de manera efectiva, ambos usuarios deben estar conectados al mismo tiempo. Como ocurre, por ejemplo, en una videoconferencia. |
|---|---|
| Asíncronas | - Son aquellas en las que no hay interacción en tiempo real y, por tanto, no es necesario que ambos usuarios estén conectados al mismo tiempo. Un ejemplo de este tipo de tecnologías pueden ser los foros de internet. |

*Las videoconferencias son un claro ejemplo de comunicación síncrona, pues requieren que todos los participantes estén conectados de manera simultánea.*

Atendiendo a esta clasificación, veamos algunos ejemplos de las principales tecnologías de comunicación que nos ofrece internet:

- **Correo electrónico** *(e-mail):* se trata de una herramienta que permite el envío y la recepción de correspondencia digital a través de internet. Se trata de una tecnología asíncrona: cuando el remitente envía un mensaje, este quedará almacenado en un "buzón" a la espera de que el receptor se conecte al servidor del correo y proceda a su lectura.
- **Videoconferencias:** permiten el establecimiento de conversaciones de audio o vídeo en tiempo real. Se trata de una tecnología síncrona, por lo que es necesario que todos los participantes estén conectados al mismo tiempo para establecer la comunicación.
- *Softphone:* bajo este término se agrupan un conjunto de aplicaciones que nos permiten realizar llamadas telefónicas a través de internet. Su principal ventaja para las empresas, frente a la telefonía tradicional, es el ahorro que supone a la hora de invertir en terminales telefónicos y la posibilidad de que sus empleados puedan recibir llamadas aun estando fuera de la oficina. Al igual que las aplicaciones de videoconferencia, se trata de una tecnología síncrona, pues necesita que todos los participantes estén conectados a la vez para poder establecer una comunicación en tiempo real.
- **Foros de discusión:** se trata de una herramienta que permite a los usuarios acceder a discusiones *online* de manera asíncrona, por lo que el usuario puede publicar un comentario en cualquier momento y, posteriormente, el resto de los usuarios pueden acceder al foro, leer el comentario y escribir una respuesta.
- **Mensajería instantánea (chat):** permite el intercambio de mensajes entre dos o más usuarios en tiempo real, a diferencia de los foros de discusión, se trata de una herramienta síncrona.

## 2.2. Creación de una cuenta de correo electrónico definiendo usuario y contraseña

Hoy en día resulta relativamente sencillo crear nuestra propia cuenta de correo electrónico, ya que existen varias plataformas en internet que proporcionan este servicio de manera gratuita. Veamos algunas de las más populares:

● **Gmail:** se trata del servicio de correo electrónico de *Google* y es quizás el más popular entre los usuarios de internet debido en gran parte a su sencilla interfaz, facilidad de uso y a su completa integración con el buscador y el resto de herramientas de la suite *Google Workspace.* En su versión gratuita, ofrece un total de 15 GB de almacenamiento para todos los archivos adjuntos incluidos en los mensajes almacenados en nuestro buzón de entrada y un máximo de 25Mb para cada uno de los mensajes que enviemos.

● **Outlook:** es el servicio de correo electrónico proporcionado por *Microsoft* (en sus orígenes era conocido como *Hotmail).* Entre sus ventajas cabe destacar su perfecta integración con el resto de las aplicaciones de *Microsoft,* así como por su intuitiva interfaz de usuario. Ofrece un almacenamiento máximo de 15 GB para el total de mensajes recibidos y un máximo de 34 Mb para cada mensaje enviado.

● **Yahoo:** se trata del tercer proveedor (por número de usuarios) de correo electrónico en internet. Permite un máximo de 25 Mb para cada mensaje enviado y de un total de 1.000 GB (1 TB) para los mensajes recibidos. Sin embargo, carece de una herramienta propia para gestionar todo este espacio de almacenamiento, por lo que deberemos recurrir a otras herramientas como *Google Drive* o *Dropbox.*

● **ProtonMail:** se trata de un servicio de correo electrónico que destaca por su seguridad y confidencialidad, ya que todos los mensajes se transmiten bajo un mecanismo de encriptación que impiden que nadie pueda acceder al contenido de nuestros mensajes. Por el contrario, el espacio total de almacenamiento, en su versión gratuita, está limitado a 1Gb y existe igualmente una limitación de 150 mensajes al día.

 **EJEMPLO**

Veamos, a modo de ejemplo, cómo podemos crearnos nuestra propia cuenta de correo (personal o profesional) en la plataforma de *Outlook:*

*Continúa en página siguiente >>*

*<< Viene de página anterior*

1. Abrimos nuestro navegador web y accedemos a la siguiente dirección: <www.outlook.com>.
2. Pulsamos el botón **Crear una cuenta gratuita.**
3. Escribimos el identificador y seleccionamos el dominio que queremos usar para nuestra cuenta. Microsoft nos permite seleccionar cualquiera de los siguientes dominios:

    a. @outlook.es
    b. @outlook.com
    c. @hotmail.com

4. Creamos una contraseña de acceso.
5. Introducimos nuestro nombre y apellidos.
6. Introducimos nuestro país y nuestra fecha de nacimiento.
7. Por seguridad, el sistema nos pedirá que resolvamos algún tipo de acertijo. Esta protección se utiliza para evitar la creación de cuentas automáticas.

Si hemos seguido todos estos pasos correctamente, ya podremos acceder a nuestra cuenta de correo.

## 2.3. Utilización del correo electrónico, introduciendo el usuario y la contraseña. Redacción, envío y recepción de *e-mails*

Una vez creada nuestra propia cuenta de correo electrónico, resulta muy sencillo acceder a este servicio a través de su interfaz web:

1. Abrimos nuestro navegador web y accedemos a la dirección: <www.outlook.com>.
2. Pulsamos el botón **Iniciar Sesión.**
3. Introducimos nuestra dirección de correo electrónico y nuestra contraseña.
4. Automáticamente se nos abrirá nuestra página de inicio donde podremos ver los mensajes recibidos en nuestra bandeja de entrada.
5. Para leer un mensaje, hacemos clic con el ratón y automáticamente se abrirá una ventana en la que podremos ver su contenido.
6. Si queremos enviar un mensaje a otro usuario, deberemos pulsar sobre el botón **Correo nuevo** y se abrirá una nueva pantalla donde podremos rellenar los siguientes campos:

a. **De:** muestra nuestra propia dirección de correo.
b. **Para:** es donde debemos indicar la dirección de correo del destinatario de nuestro mensaje.
c. **CC:** nos permite "poner en copia" a otros destinatarios que recibirán una copia de nuestro mensaje.
d. **CCO:** funciona igual que CC, pero en esta ocasión el destinatario del mensaje no puede ver a quién se ha incluido en copia (se trata de una opción muy útil cuando queremos enviar el mismo mensaje a muchas personas, preservando la confidencialidad de sus direcciones de correo).
e. **Asunto:** se trata del "titular" de nuestro mensaje, el que le aparecerá a nuestro destinatario en su bandeja de entrada y que debe expresar, en pocas palabras, cuál es el propósito o el contenido de nuestro correo.
f. **Contenido:** aquí es donde introduciremos todo el texto que deseemos incluir en nuestro correo. La interfaz de Outlook es muy similar a la de un procesador de textos, por lo que nos permite formatear nuestro contenido haciendo uso de negritas, cursivas, listas numeradas, etc.

7. Cuando hayamos terminado de redactar nuestro mensaje, si pulsamos sobre el botón que aparece a la izquierda del campo **De:** aparecerán dos opciones:

a. **Enviar** el correo inmediatamente.
b. **Programar el envío** para la fecha y hora que deseemos (el mensaje se enviará automáticamente en el momento señalado).

## 2.4. Uso de herramientas de mensajería en el ordenador y dispositivos móviles (a título ilustrativo, SMS, *WhatsApp, Telegram,* entre otros). Envío y recepción de mensajes

Si bien tradicionalmente el uso de internet se ha realizado casi exclusivamente desde ordenadores personales, la aparición de nuevos teléfonos inteligentes en la última década, nos permite literalmente "llevar todo internet en el bolsillo" y ha determinado el uso preferencial de estos dispositivos como nuestra primera opción a la hora de comunicarnos.

No en vano podemos elegir entre un gran número de aplicaciones para dispositivos móviles inteligentes que nos van a permitir comunicarnos con quien queramos y donde queramos: ya sea en el trabajo, en nuestro propio domicilio, mientras esperamos el autobús o cuando paseamos por el parque.

Veamos, a continuación, algunas de las aplicaciones de mensajería más populares entre los usuarios:

- ⮞ **SMS *(Short Messages Services):*** es un servicio de mensajería que permite el intercambio de mensajes cortos (160 caracteres) entre dos dispositivos conectados a la red de telefonía digital. Durante años han tenido una gran popularidad, sin embargo, tras la llegada de los teléfonos inteligentes, su uso ha decaído en favor de otras aplicaciones más modernas.
- ⮞ *WhatsApp:* es quizá la red social de mensajería con más usuarios ya que, desde su lanzamiento, ha desplazado progresivamente al SMS. Aunque en sus inicios permitía únicamente el envío de mensajes de texto, posteriormente ha añadido otras funcionalidades como: grupos de discusión, envío de imágenes, sonido y vídeo, llamadas de voz, videollamadas o la posibilidad de compartir temporalmente fotografías, vídeo y texto con nuestros contactos a través de una nueva pestaña llamada **Estados.**
- ⮞ *Telegram:* se trata de la principal alternativa a *WhatsApp* y gana cada día más usuarios gracias a sus mejoras como, por ejemplo, la privacidad (podemos contactar con otros usuarios sin necesidad de revelarles nuestro número de teléfono), la posibilidad de programar mensajes, la gestión de grupos o los canales de difusión.
- ⮞ *Slack:* es una aplicación de mensajería instantánea muy enfocada al mundo empresarial. Destaca por la posibilidad de crear diferentes salas de reunión en las que poder contactar con otros usuarios (que deberán estar conectados) o la opción de compartir documentos a través de un canal seguro.
- ⮞ *Signal:* se trata de una nueva aplicación de mensajería que, pese a llevar poco tiempo en el mercado, podría ser una de las firmes candidatas a desbancar a *Whatsapp* y *Telegram* de los primeros puestos en cuanto al número de usuarios. Destaca por su facilidad para el intercambio de

todo tipo de documentos a través de grupos y canales privados, o por la posibilidad del envío y recepción de mensajes confidenciales (cifrados extremo a extremo).

⮑ *Line:* es una aplicación de mensajería que destaca por su interfaz gráfica repleta de personajes y *stickers* que le dan una personalidad propia muy diferenciada de sus competidores. Así mismo, debemos señalar su servicio de videollamadas, que permite la conexión de hasta doscientos usuarios simultáneos.

 **NOTA**

Aunque todas estas aplicaciones han sido diseñadas específicamente para su uso en un *smartphone*, muchas de ellas cuentan con versiones especiales para ser instaladas en un ordenador de sobremesa. Por ejemplo: *Telegram*, *WhatsApp*, etc.

**APLICACIÓN PRÁCTICA**

**Mar se ha creado una cuenta en la plataforma *Slack* con el propósito de poder contactar así con otros profesionales de la industria vitivinícola y establecer así un canal de comunicación fluido que les permita colaborar e intercambiar información.**

**Ahora que ya estás familiarizado con este tipo de herramientas de mensajería y teniendo en cuenta la clasificación que hicimos al comienzo de esta unidad, ¿dirías que los servicios de mensajería como *WhatsApp*, *Telegram* o *Slack* son herramientas síncronas o asíncronas? Razona tu respuesta.**

**Solución**

Aunque *a priori* tuviéramos la tentación de catalogar este tipo de herramientas de mensajería como si se trataran de un chat al uso, pues muchas de nuestras conversaciones se producen en tiempo real, lo cierto es que en realidad no es necesario que nuestro interlocutor esté conectado al mismo tiempo que nosotros, ya que los mensajes se quedan guardados a la espera de que este

*Continúa en página siguiente >>*

*<< Viene de página anterior*

se vuelva a conectar. Por lo tanto, todas estas aplicaciones serían en realidad tecnologías **asíncronas.**

No obstante, también hay que observar que, además de los canales de conversación, muchas de estas herramientas ofrecen también la posibilidad de establecer reuniones en tiempo real. En este caso, sí que estaríamos hablando de una tecnología **síncrona.**

## 2.5. Inicio de reuniones virtuales con herramientas de videoconferencia (a título ilustrativo, *Skype, Zoom,* entre otros) activando y desactivando audio y vídeo y compartir escritorio

Durante los últimos años, el desarrollo de internet ha transformado profundamente nuestros hábitos de vida: hoy en día podemos adquirir cualquier tipo de producto sin necesidad de salir de nuestro propio domicilio, estudiar en cualquier centro educativo aunque esté en el otro lado del mundo e, incluso, podemos asistir en directo a cualquier evento o espectáculo que, de tener que hacerlo de forma presencial, nos sería prácticamente imposible.

Esta transformación ha alcanzado también a nuestro mercado laboral: cada vez son más las empresas que contratan a sus trabajadores en la modalidad de teletrabajo, permitiéndoles así poder fijar su residencia en cualquier lugar del planeta con tal de que disponga de una conexión a internet.

En esta nueva modalidad de teletrabajo juegan un papel muy importante las reuniones en tiempo real. Actualmente, existen en el mercado numerosas herramientas y programas que nos van a permitir realizar todo tipo de videoconferencias y reuniones *online.* Veamos, a continuación, algunas de las más populares:

- ⮑ *Skype:* es quizás el programa de videollamadas más conocido (y el más veterano, ya que se lanzó en el 2003). Se trata de un *software* que permite comunicaciones de texto, voz y vídeo sobre internet con hasta un máximo de diez personas simultáneas. Se puede utilizar directamente desde nuestro navegador web o bien descargar la aplicación instalable para móvil, *tablet* u ordenador de sobremesa.
- ⮑ *Zoom:* se trata de la aplicación de videollamadas que se hizo más popular durante los primeros meses de la pandemia de la COVID-19 (llegando a alcanzar los 477 millones de descargas en el año 2020). Aunque ofrece distintos planes de pagos, cuenta con una versión gratuita

que nos permite organizar reuniones de hasta 40 min de duración con hasta 100 participantes de forma simultánea.

⮕ **Jitsi meet:** se trata de una plataforma gratuita y de código abierto que permite realizar videollamadas con un número ilimitado de participantes. Permite grabar la videoconferencia, abrir un canal de chat para intercambiar mensajes de texto y compartir nuestra pantalla con el resto de los participantes. Además, permite retransmitir nuestra reunión en directo a través de *Youtube Live* con calidad HD.

⮕ **Google meet:** se trata de quizá la opción más sencilla de usar (siempre y cuando dispongamos de una cuenta de *Google)*, pues se encuentra perfectamente integrada en su ecosistema de aplicaciones de oficina. Puede utilizarse directamente a través de su versión web o bien descargar la aplicación en nuestro dispositivo móvil.

⮕ **Microsoft teams:** es una plataforma de comunicación y colaboración desarrollada por *Microsoft* que combina la opción de chat de texto, videoconferencia, almacenamiento de archivos compartidos e incluso la capacidad de integrar otras herramientas de planificación ajenas. Permite conectarse directamente a través de su versión web o bien descargar su aplicación en nuestro ordenador o dispositivo móvil. La versión gratuita nos permite organizar reuniones de hasta 60 min, con 100 participantes simultáneos y hasta 5 GB de almacenamiento en la nube.

⮕ **Discord:** originalmente se concibió como un programa de mensajería diseñado específicamente para que los jugadores de videojuegos pudieran conversar durante sus partidas *online*. Sin embargo, también ofrece una opción para realizar videoconferencias, compartir pantalla y grabar las sesiones. Todo ello de manera gratuita.

⮕ **Webex meetings:** se trata de una aplicación de videoconferencia profesional desarrollada por la empresa Cisco Webex. Permite organizar reuniones *online* en HD, utilizando cualquier tipo de dispositivo. Su principal ventaja reside en su facilidad de uso, ya sea para organizar una reunión o para unirse a una (con tan solo hacer clic en el enlace de invitación). Permite igualmente compartir nuestra pantalla y grabar el contenido de la reunión. En su versión gratuita, nos va a permitir crear reuniones de hasta 40 min y hasta 100 participantes simultáneos.

◉ **EJEMPLO**

Veamos cómo podemos realizar una videoconferencia con la aplicación *Microsoft Teams:*

*Continúa en página siguiente >>*

*<< Viene de página anterior*

1. Accedemos a la web de TEAMS <https://teams.microsoft.com/>.
2. En el menú lateral hacemos clic sobre la opción **Calendario.**
3. Pulsamos sobre el botón **Nueva Reunión.**
4. Rellenamos los siguientes campos:

   a. Título de la reunión.
   b. Asistentes: introducimos la dirección de correo electrónico de todas las personas a las que deseemos invitar.
   c. Fecha y hora de INICIO y de FIN de la reunión.

5. Pulsamos el botón **Enviar.**
6. Automáticamente, la nueva reunión aparecerá programada en nuestro calendario y cada uno de los asistentes recibirá en su correo electrónico una invitación con el enlace para unirse a la reunión.
7. Si pinchamos sobre la reunión que aparece en nuestro calendario, o sobre el enlace de la invitación, se abrirá automáticamente una pantalla en la que vamos a poder configurar algunos parámetros como la imagen de la webcam o los dispositivos de audio (altavoces, auriculares y micrófono).
8. Para conectarnos a la reunión, pinchamos sobre el botón **Unirse ahora.**
9. Acto seguido entramos en la sala de reunión y empezamos a interactuar con el resto de los participantes. Para ello, además de nuestra *webcam* y nuestros dispositivos de audio, podemos hacer uso de las siguientes opciones que aparecen en el menú superior:

   a. **Chat:** se trata de un canal de mensajería instantánea (asociado a esta reunión) en el que vamos a poder intercambiar mensajes de texto, imágenes y otros archivos con el resto de los usuarios.
   b. **Gente:** muestra en la barra lateral un listado con todos los asistentes.
   c. **Participar:** cuando nos encontramos en una reunión con muchas más personas, este botón nos permite "levantar la mano" para pedir la palabra al moderador.
   d. **Reaccionar:** como si de una red social se tratara, podemos enviar iconos de aprobación o desaprobación a lo que se está tratando en la reunión.
   e. **Vista:** nos permite modificar la interfaz para poder ver a todos los participantes o centrarnos únicamente en la persona que está en el uso de la palabra.
   f. **Cámara:** nos permite activar o desactivar nuestra *webcam* para que el resto de los participantes en la reunión pueda (o no pueda) ver nuestra imagen. Además, también podemos aplicar distintos efectos como aumentar el brillo o cambiar el fondo de nuestra escena.

*Continúa en página siguiente >>*

<< *Viene de página anterior*

g. **Micrófono:** nos permite activar o desactivar nuestro micrófono para que el resto de los participantes en la reunión pueda (o no pueda) escucharnos. También nos permite definir qué dispositivos (de los disponibles en nuestro ordenador) queremos usar para capturar la voz o para escuchar el audio de la reunión.

h. **Compartir:** nos permite mostrar nuestra pantalla al resto de los participantes o, si lo preferimos, tan solo una de nuestras ventanas. Es una opción muy útil cuando se quiere realizar una presentación de contenidos.

10. Para finalizar la videoconferencia, pulsamos sobre el botón **Salir.**

## 2.6. Envío de archivos (imágenes, textos, entre otros) por correo electrónico y herramientas de mensajería instantánea

La mayoría de las aplicaciones de correo electrónico, así como las de mensajería instantánea, nos permiten adjuntar todo tipo de documentos a nuestros mensajes. Para ello, tan solo hay que pulsar sobre el icono con forma de clip (**Adjuntar archivo**) y seleccionar cualquier fichero de nuestro dispositivo.

No obstante, existe una serie de consejos que debes tener en cuenta a la hora de enviar archivos a través de este tipo de herramientas:

Asegúrate de que realmente estás adjuntando el fichero que quieres enviar. Una vez que lo hayas enviado, ya no habrá vuelta atrás.

Antes de pulsar el botón de enviar, verifica que estás enviando el correo al destinatario adecuado.

Puedes seleccionar varios ficheros de una sola vez, pulsando la tecla [Ctrl] y pinchando sobre cada uno de ellos.

*Continúa en página siguiente >>*

*<< Viene de página anterior*

Ten en cuenta que la mayoría de los servidores de correo tienen una limitación máxima para el tamaño de los ficheros adjuntos (habitualmente no más de 25 MB). Si tus ficheros superan este tamaño, es mejor que los envíes en varios mensajes por separado.

Evita enviar ficheros ejecutables (.exe) o documentos ofimáticos que contengan macros en su interior. A menudo, esta suele ser una de las estrategias que usan los virus informáticos para propagarse de un ordenador a otro. Por lo que, si intentas enviar alguno de estos ficheros, es muy probable que tu servidor de correo rechace el mensaje por ser "potencialmente peligroso".

## 2.7. Comprensión de la propia identidad digital en internet, analizando sus beneficios y riesgos

Cuando navegamos por internet buscamos información sobre nuestras próximas vacaciones o consultamos el horario de apertura de la peluquería de nuestro barrio, interesamos por una determinada noticia en un diario *online* o interactuar con algún contenido de nuestras redes sociales son solo algunos ejemplos de situaciones en las que estamos intercambiando información que queda asociada a nuestro perfil de usuario en internet.

### ✎ DEFINICIÓN

**Identidad digital**
Hace referencia al conjunto de informaciones sobre un individuo, organización o dispositivo electrónico que se encuentra en internet.

Nuestra identidad digital, por tanto, está formada por toda la información sobre nosotros mismos que en un momento dado hemos proporcionado en algún lugar de internet:

Datos personales (nombre, apellidos, *e-mail*, teléfono, etc.)

*Continúa en página siguiente >>*

*<< Viene de página anterior*

> Imágenes compartidas

> Gustos y aficiones

> Opiniones acerca de diferentes productos y servicios

Si algo hemos de tener en cuenta, ya actuemos como individuos o como empresa, es que toda esta información no siempre tiene por qué ser privada y en un momento dado puede llegar a beneficiarnos o perjudicarnos en nuestros objetivos.

Si somos un profesional o una empresa dedicada a un sector de mercado muy concreto, nos beneficiará en gran medida que nuestra identidad digital esté formada por decenas de opiniones y publicaciones en las que mostramos todo nuestro conocimiento y experiencia en la materia.

Por el contrario, si nuestra identidad digital está basada en gustos y aficiones que puedan mostrar una imagen negativa sobre nosotros, es probable que llegue a perjudicar a nuestros objetivos profesionales.

Veamos, a continuación, algunos consejos que te ayudarán a crearte una identidad digital que proyecte una buena imagen sobre ti:

> **Especialización**
> - Trata de posicionarte y especializarte en una temática concreta. Crea contenido de calidad que marque diferencia sobre el resto de las publicaciones.

> **Personalización**
> - Procura que tu perfil digital sea un reflejo de tus valores personales o identitarios. De este modo, lograrás generar una mayor empatía en todos tus contactos.

> **Privacidad**
> - Es importante mantener separados tu perfil profesional (público y abierto a tus posibles clientes o empleadores) de tu perfil personal en el que únicamente deberás de compartir información con tu círculo de confianza.

*Continúa en página siguiente >>*

*<< Viene de página anterior*

> **Revisión**
> - La identidad digital puede variar a lo largo del tiempo. Por esta razón, conviene revisar periódicamente tus publicaciones para ser consciente de la percepción que otros usuarios de internet puedan tener sobre ti. Así, conseguirás afianzar tu propia marca personal o empresarial.

## 2.8. Colaboración mediante tecnologías digitales utilizando herramientas colaborativas (foros, chats, blogs, wikis, entre otros)

Durante los primeros años del siglo XXI comenzaron a surgir varias aplicaciones en internet que facilitaban, en gran medida, la publicación de contenidos, ya no solo por parte de los desarrolladores web, sino también por los propios usuarios.

Inevitablemente, la aparición de estas nuevas tecnologías marcó un antes y un después en la concepción de internet: si bien hasta entonces los usuarios se limitaban a visitar las páginas webs y leer su contenido, a partir de ese momento empezaron a tomar un papel mucho más activo y se convirtieron en auténticos colaboradores en la creación de contenido digital.

Todas estas aplicaciones vinieron a conformar la denominada **Web 2.0,** con lo cual se enfatizaba más, aunque con su llegada, internet entraba en una nueva época.

Veamos, a continuación, cuáles eran estas nuevas aplicaciones:

- ➲ **Foros:** son aplicaciones web que permiten a cualquier usuario iniciar un nuevo debate o discusión en torno a un tema concreto. A partir de ahí, el resto de los usuarios pueden contestar y rebatir sus ideas. Podemos encontrar en internet todo tipo de foros de muy diversa índole y temática.
- ➲ **Chats:** aunque no son una aplicación propia de esta nueva generación, pues ya existían desde tiempo atrás, los chats de debate siempre han estado a la vanguardia de los grandes cambios de internet.
- ➲ **Blogs:** también conocidos como bitácoras son páginas web que pueden crearse muy fácilmente y sin apenas conocimientos informáticos. Por norma general, suelen tener una estructura cronológica en la que el autor publica distintos contenidos de forma periódica. Con la llegada de los blogs, cualquier usuario de internet pudo crear su propio sitio web y compartir todo tipo de información con el resto del mundo.

➲ **Wikis:** son sitios web colaborativos cuyos contenidos pueden ser creados de forma conjunta por todos sus usuarios. De este modo, es posible crear grandes estructuras de conocimiento gracias a la aportación de un gran número de colaboradores. Gracias a su lenguaje sencillo, cualquier usuario puede añadir nuevos contenidos sin necesidad de tener grandes conocimientos informáticos.

➲ **Redes sociales:** se trata de un conjunto de plataformas digitales que permiten la interacción entre distintos usuarios que tienen un interés u objetivo en común. Su punto fuerte reside en su capacidad para establecer vínculos entre sus usuarios. Haciendo uso de una red social, cualquier usuario puede publicar su propio contenido y este, estará inmediatamente a disposición de todos los demás. Sobre cada contenido publicado, el resto de los usuarios puede redistribuirlo entre sus contactos, indicar su propia reacción (agrado, desagrado) o incluso añadir un comentario expresando su opinión al respecto o completando la información ofrecida. Algunas de las redes sociales más populares son las siguientes:

◑ *Facebook:* quizá por ser una de las redes más longevas, se ha convertido en la más popular entre los internautas (aproximadamente 3.000 millones de usuarios). Permite crear perfiles personales y/o de empresa y compartir todo tipo de noticias, informaciones, imágenes y vídeos. La mayoría de sus usuarios tienen más de 30 años.

◑ *Youtube:* se trata de una plataforma especializada en la publicación de vídeos de temática muy variada: documentales, tutoriales, consejos, noticias, entretenimiento, etc. La franja de edad de sus usuarios oscila entre los 15 y 35 años.

◑ *Instagram:* se trata de una plataforma en la que los usuarios publican imágenes y vídeos impactantes que llaman la atención de sus seguidores. En los últimos años se ha convertido en la red preferida por adolescentes y jóvenes menores de 30 años.

◑ *TikTok:* se trata una red social especializada en la publicación de vídeos cortos con un contenido orientado principalmente al entretenimiento. La mayor parte de sus usuarios se encuentran en una franja de edad entre los 10 y los 29 años.

◑ *X:* anteriormente conocida como *Twitter,* es una red social especializada en la publicación de noticias o comentarios sobre la actualidad en formato de texto limitado a 280 caracteres *(microblogging).* La edad de sus usuarios oscila entre los 35 y 65 años.

## 2.9. Descripción de las normas de comportamiento en entornos digitales. Netiqueta

Desde sus inicios, uno de los principales inconvenientes que se han encontrado los usuarios de internet ha sido la falta de comunicación no verbal.

En efecto, cuando establecemos una conversación cara a cara con otra persona, el lenguaje corporal cobra una especial relevancia en todo aquello que transmitimos. Sin embargo, cuando hacemos uso de internet, toda esta información se pierde. Esto puede provocar todo tipo de malinterpretaciones por parte de nuestro interlocutor.

Con el propósito de evitar este tipo de situaciones, además de la proliferación de las reuniones por videoconferencia, la comunidad de usuarios de internet ha desarrollado un conjunto de normas de protocolo conocidas comúnmente como *netiqueta.*

 **DEFINICIÓN**

**Netiqueta**
Es un acrónimo del inglés *network etiquette* (etiqueta de red) y comprende todas aquellas normas y convenciones para las conversaciones entre dos o más interlocutores a través de las distintas herramientas que ofrece internet.

Veamos, a continuación, algunas de estas normas:

a. **Exprésate de manera correcta:** procura utilizar un lenguaje inclusivo y neutro para que no haya lugar a ningún tipo de malentendido. Evita utilizar el sarcasmo y no escribas todo tu texto en mayúsculas, pues en internet es sinónimo de gritar.
b. **Respeta la privacidad de los demás:** no difundas contenido ajeno y no etiquetes a tus amigos y familiares en ninguna publicación sin haber obtenido antes su consentimiento.
c. **No te dejes llevar por las emociones:** a menudo, el aparente anonimato con el que actuamos en internet puede incitarnos a publicar todo tipo de mensajes inapropiados que no nos atreveríamos a decir en una conversación cara a cara. Procura evitar este tipo de situaciones y no escribas nada de lo que luego puedas arrepentirte.

d. **Sigue las normas de la plataforma:** cada una de estas herramientas (foros, chats, redes sociales, etc.) tiene sus propias normas y conviene leerlas antes de comenzar a utilizarlas.

e. **Verifica tus fuentes:** no todo lo que se publica en internet es verídico. A menudo, las informaciones que leemos pueden estar sesgadas o malintencionadas. Por esta razón, conviene asegurarse bien de la veracidad de todo aquello que compartimos. Puesto que, aún sin pretenderlo, podemos llegar a ser cómplices de su propagación.

f. **Respeta el tiempo de los demás:** escoge los momentos adecuados para enviar tus mensajes o realizar tus publicaciones. Procura no agobiar a tus contactos con mensajes repetitivos o acabarán bloqueándote.

g. **Atiende a tus interlocutores:** procura contestar siempre a aquellos usuarios que se dirijan a ti para hacerte cualquier tipo de consulta, especialmente si se trata de una relación laboral. No es necesario responder de inmediato, pero no dejes nada sin contestar.

h. **Cuidado con el tamaño de los archivos adjuntos:** evita adjuntar grandes ficheros en tus mensajes, no sabes qué capacidad de almacenamiento pueden tener tus interlocutores. En su lugar, utiliza algún servicio de almacenamiento en la nube que te permita compartir tu contenido con los demás.

 **TAREA 2**

Una de las prioridades que se ha marcado Mar para adaptar su negocio a los nuevos tiempos es que Bodegas Balista tenga su propia presencia en internet. Sin embargo, aunque ya ha dado su primer paso creando una cuenta de correo electrónico para la empresa, no tiene muy claro cuáles deberían ser sus siguientes pasos.

En función de lo que has aprendido hasta ahora, aconseja a Mar sobre qué acciones podría llevar a cabo para construir la identidad digital de su negocio.

# 3. Creación y edición de contenidos digitales mediante aplicaciones básicas

👉 **HILO CONDUCTOR**

Mar está muy contenta con los avances realizados en su objetivo de digitalizar su bodega: ya tiene su propia dirección de correo y ha creado varias cuentas en las redes sociales donde puede estar al día de todas las novedades del sector. Pero también se ha dado cuenta de que no es lo mismo hacer un uso personal de internet y de las redes sociales, que hacerlo a nivel profesional con el objetivo de posicionar su empresa, pues ya no le basta con leer y comentar las publicaciones de los demás, sino que necesita crear su propio contenido y darse a conocer como especialista en la materia.

- - - - - - - - - - - - - - - - - - - - - - - - - - - - - - - - - - - - - - - -

En esta sección aprenderás a crear y editar tus propios contenidos digitales, ya sea desde cero o bien a partir de otro contenido disponible en internet. Para ello, te enseñaremos a utilizar aplicaciones muy sencillas que te serán de gran utilidad para llevar a cabo todas tus creaciones.

## 3.1. Uso de un procesador de texto básico (redacción y guardado)

Una de las tareas a las que más veces te tendrás que enfrentar en el trabajo diario al frente de cualquier negocio es, sin lugar a duda, la redacción de textos ya sea para escribir una carta, un correo comercial, elaborar cualquier tipo de informe o un presupuesto, etc., vas a necesitar una aplicación que te permita crear un documento de texto de calidad.

Aunque en el mercado existen muchos paquetes de aplicaciones profesionales para realizar todo tipo de tareas de oficina como, por ejemplo, *Microsoft Office 365* o *Apache Open Office,* etc., hay ocasiones en las que tan solo vamos a necesitar una herramienta que nos permita redactar textos básicos. En estos casos, una de las mejores opciones es *Wordpad,* una sencilla herramienta que viene instalada de serie en todos los sistemas operativos *Windows.*

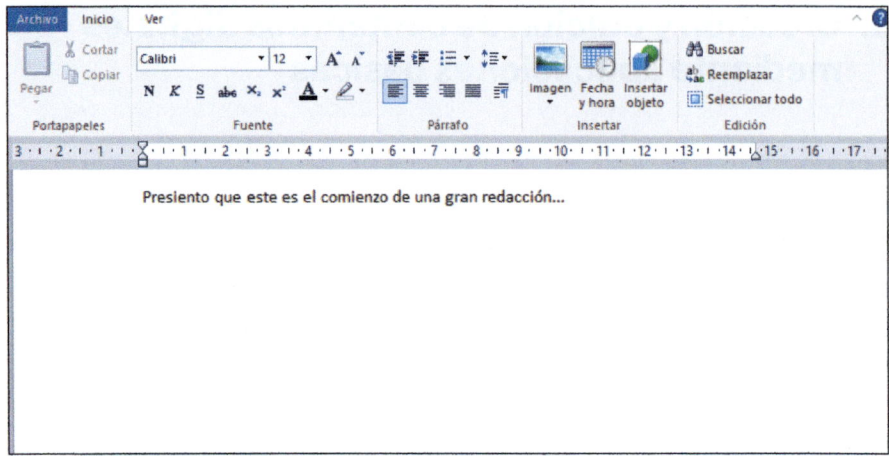

La ventana principal de *Wordpad* nos muestra una hoja en blanco en la cual podemos comenzar a escribir de inmediato. En la parte superior, aparece la **Barra de herramientas** con distintas opciones que te contamos a continuación:

○ **Inicio:** muestra las opciones básicas de escritura:

○ **Portapapeles:** alberga algunas de las herramientas que más nos van a ayudar en la edición de textos, ya que nos permiten *Copiar, Cortar* y *Pegar* nuestros contenidos.
○ **Fuente:** nos permite modificar el tipo de letra, su tamaño, alternar entre mayúsculas y minúsculas y otras opciones como negrita, subrayado, cursiva, color de la fuente o del fondo.
○ **Párrafo:** ofrece distintas opciones para configurar la disposición del texto dentro del párrafo (sangría, alineación, interlineado). También nos permite crear listas de viñetas o numeradas.
○ **Insertar:** permite combinar nuestro texto con otros tipos de elementos gráficos como, por ejemplo, imágenes, dibujos o enlaces a otros documentos externos.
○ **Edición:** alberga herramientas de búsqueda y selección de todos los contenidos de nuestro documento.

○ **Ver:** muestra distintas opciones de visualización como el *zoom,* la regla o las unidades de medida.

## 3.2. Captura, descarga y guardado de una imagen

Resulta relativamente sencillo descargar todo tipo de imágenes haciendo uso de nuestro navegador web. Quizás, una de las más efectivas sea hacer uso de un buscador de imágenes como el que nos ofrece *Bing*. Tan solo tienes que seguir los siguientes pasos:

1. Abre el navegador web *Edge*.
2. Dirígete a la web del buscador <https://www.bing.com/>.
3. En la barra superior, pulsa sobre la pestaña **Imágenes.**
4. Inserta en el cuadro de búsqueda una descripción sobre la imagen que te gustaría encontrar.
5. En décimas de segundo, el buscador te ofrecerá toda una colección de imágenes que se ajusten a tu búsqueda.
6. Haz clic sobre la imagen que quieras descargar y esta se mostrará, a tamaño completo, en una nueva ventana.
7. Sobre la imagen que se acaba de mostrar, haz clic con el botón derecho del ratón y, en el menú contextual, selecciona la opción *Guardar imagen como...*
8. Se abre un pequeño explorador de archivos en el que podrás seleccionar en qué carpeta de tu ordenador quieres guardar la imagen.
9. Una vez hayas seleccionado la carpeta deseada, pulsa el botón **Guardar.**

## 3.3. Utilización de *software* de creación de imágenes

El sistema operativo *Microsoft Windows 11* incluye de serie una sencilla herramienta de creación de imágenes llamada *Paint*.

A continuación, te mostraremos algunas de sus principales características:

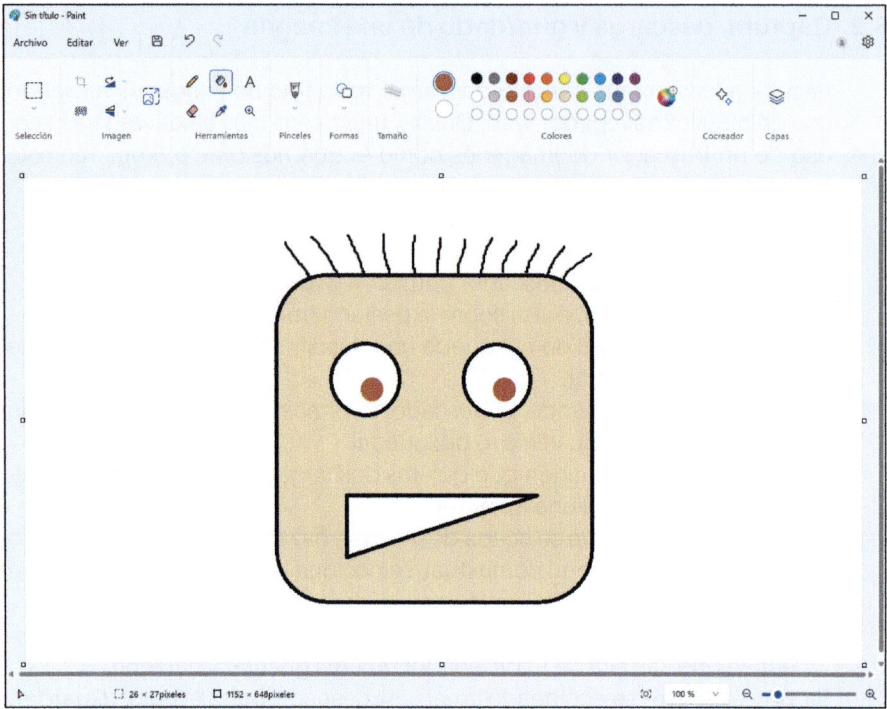

La pantalla principal nos muestra un lienzo en blanco en el que podemos empezar a dibujar directamente.

Justo encima del lienzo podemos encontrar la **Barra de herramientas** que incorpora algunas opciones con las que vamos a poder crear nuestra imagen. Veamos algunas de las más importantes:

- ⮩ **Selección:** nos permite seleccionar los distintos elementos que hemos añadido a nuestra imagen. Podemos seleccionar todo el lienzo o solo algunas partes.
- ⮩ **Imagen:** incluye opciones para girar, voltear o modificar las dimensiones de nuestra imagen. También incluye una herramienta especial que nos permitirá eliminar el fondo y dejar únicamente al sujeto en primer plano.
- ⮩ **Herramientas:** distintas opciones que nos permiten dibujar con un lápiz, rellenar con un bote de pintura, introducir texto, etc.
- ⮩ **Pinceles:** con esta opción podemos definir el trazo de nuestro dibujo, pudiendo elegir entre lápiz, rotulador, crayón, aerógrafo, etc.
- ⮩ **Formas:** nos permite crear formas predefinidas como cuadrados, círculos, triángulos, flechas, etc.
- ⮩ **Tamaño:** nos permite definir el grosor del trazo de nuestro dibujo.

- ⮑ **Colores:** podemos elegir entre una gran variedad de colores para dibujar (con la herramienta lápiz) o colorear (con la herramienta bote de pintura).
- ⮑ **Cocreador:** nos permite crear todo tipo de imágenes a partir de una descripción textual, haciendo uso de las características propias de la inteligencia artificial generativa.
- ⮑ **Capas:** como ya ocurriera con otros programas de edición de imagen más avanzados, ahora *Paint* también nos permite trabajar don distintas capas que podemos superponer en nuestros dibujos.

## 3.4. Conocimientos elementales de los derechos de autor, licencias y permisos de uso

Los buscadores de internet como *Bing* nos permiten encontrar fácilmente cualquier imagen que podamos necesitar. Sin embargo, no podremos utilizar libremente todas las imágenes que podamos descargar de internet, ya que cada vez que hagamos uso de un contenido ajeno deberemos tener muy en cuenta los denominados derechos de autor.

## DEFINICIÓN

**Derechos de autor**
Son aquellos que la legislación vigente en materia de propiedad intelectual tiene reservados al creador de una obra literaria, artística o científica por el mero hecho de haberla creado.

La legislación distingue dos tipos de derechos de autor:

- ⮑ **Derechos morales:** hacen referencia al reconocimiento de autoría sobre la propia obra y son irrenunciables por parte del autor.
- ⮑ **Derechos de explotación:** son los que definen qué usos se les puede dar a la obra y se resumen en los siguientes tipos:

  - ⸰ Derecho de **Reproducción.**
  - ⸰ Derecho de **Distribución.**
  - ⸰ Derecho de **Comunicación Pública.**
  - ⸰ Derecho de **Transformación.**

Así pues, aunque un autor no puede renunciar a los derechos morales, sí que puede ceder (de forma gratuita o a cambio de una compensación económica) la totalidad o parte de los derechos de explotación. Normalmente, esta cesión de derechos se suele hacer en un contrato, con cláusulas tipo, al que llamamos *licencia.*

En función de cómo de restrictivas sean las cláusulas que la conforman, podemos distinguir varios tipos de licencias. A continuación, te mostramos algunas de las más utilizadas para los contenidos que podemos encontrar en internet:

| | |
|---|---|
| **Copyright** | - Se trata de la licencia más restrictiva. Su lema es "Todos los derechos reservados" lo que significa que si un tercero desea hacer uso del contenido necesita la autorización expresa del autor y, en la mayoría de los casos, pagar por ello. |
| **Copyleft** | - Hace referencia a un grupo de licencias cuyo objetivo es garantizar que cada persona que recibe una copia de una obra pueda a su vez usar, modificar y redistribuir dicho contenido, así como las versiones derivadas del mismo. |

Sin lugar a duda, las licencias *copyleft* son las más permisivas, ya que en la práctica renuncian a todos los derechos de explotación de la obra. Por esta razón, hace algunos años surgieron otro tipo de licencias derivadas del *copyleft* en las cuales el autor puede tener un mayor control sobre qué tipo de uso se puede hacer de su obra. Se trata de las denominadas licencias *Creative Commons,* que pasamos a detallarte a continuación:

**Reconocimiento (CC BY)**
- Permite el uso, modificación y redistribución de la obra (incluso para fines comerciales) siempre y cuando se reconozca la autoría del contenido original.

**Reconocimiento – Compartir igual (CC BY-SA)**
- Permite el uso, modificación y redistribución de la obra (incluso para fines comerciales), siempre que se haga bajo una licencia igual a la que regula el contenido original.

*Continúa en página siguiente >>*

<< *Viene de página anterior*

> **Reconocimiento – No comercial (CC BY-NC)**
> - Permite el uso, modificación y redistribución de la obra, pero prohíbe su uso comercial.

> **Reconocimiento – Sin obra derivada (CC BY-ND)**
> - Permite el uso comercial pero no la creación de obras derivadas.

> **Reconocimiento –No comercial- Compartir igual (CC BY-NC-SA)**
> - Permite modificar la obra original, pero prohíbe el uso comercial tanto del contenido original como de las obras derivadas.

> **Reconocimiento –No comercial- Sin obra derivada (CC BY-NC-ND)**
> - Es la licencia más restrictiva, tan solo permite que otros puedan usar el contenido y redistribuirlo, pero prohíbe su uso comercial, así como la creación de obras derivadas.

## 3.5. Integración y reelaboración de contenidos digitales

Como ya hemos estudiado en esta unidad, las herramientas de creación de textos como *Wordpad,* al igual que otras muchas herramientas ofimáticas, nos permiten crear nuevos documentos en los que podemos insertar todo tipo de contenidos (textos, dibujos, imágenes, etc.) que hayamos descargado de internet.

Sin embargo, cuando te dispongas a crear nuevos contenidos a partir de otros ya existentes, conviene que tengas en cuenta los siguientes consejos:

- ⮑ No te conformes con el primer contenido que encuentres en internet, es preferible hacer uso de las herramientas de búsqueda avanzada que, algunos buscadores como *Bing,* ponen a tu disposición para encontrar el contenido que más se adecúe a tus necesidades.
- ⮑ Bajo ningún concepto hagas uso de ningún contenido protegido por *copyright* si no tienes autorización del titular de los derechos. En su lugar, busca recursos licenciados bajo licencias del tipo *creative commons* y asegúrate de cumplir con las exigencias del autor para hacer uso de sus contenidos. Por norma general, suele bastar con reconocer su autoría indicando la fuente junto al recurso que hayas utilizado.
- ⮑ En internet existen muchos bancos de recursos libres de derechos de autor o con licencias muy permisivas que se serán de gran ayuda a la hora de crear tus propios contenidos.

⊃ También puedes hacer uso de aplicaciones específicas de creación de contenidos *online* que ponen a tu disposición una gran cantidad de recursos reutilizables, que te resultarán muy útiles a la hora de elaborar todo tipos de contenidos. Algunas de las más populares son: *Canva* y *Genially.*

⊃ En los últimos años, han surgido con fuerza un tipo de aplicaciones online que hacen uso de la **Inteligencia Artificial Generativa** para ayudarte a crear todo tipo de recursos multimedia: textos, imágenes, vídeos. Un buen ejemplo de este tipo de aplicaciones es el asistente *Copilot,* que viene integrado en el buscador *Bing.*

 **TAREA 3**

Mar está muy entusiasmada con todo lo que está aprendiendo últimamente. Tanto que se ha propuesto rediseñar la nueva etiqueta para uno de sus mejores vinos. Para ello, además de un buen texto en el que se describan las bondades de su producto y la calidad de sus bodegas, necesita incorporar una imagen impactante que llame la atención de los consumidores.

Con todo lo que has aprendido en esta unidad, ¿serías capaz de aconsejar a Mar sobre cómo podría diseñar esta etiqueta?

# 4. Identificación de necesidades digitales y resolución de problemas técnicos elementales

 **HILO CONDUCTOR**

Mar está muy contenta con todo lo que está aprendiendo sobre cómo aplicar las nuevas tecnologías al trabajo diario en su bodega. Sin embargo, a veces surgen ciertos problemas informáticos que no sabe cómo resolver y tiene que pedir ayuda a una empresa especializada para solventar este tipo de incidentes. Por esta razón, le gustaría poder aprender a solucionar todos estos problemas técnicos que le hacen perder tanto tiempo y que le impiden avanzar en las tareas propias de su negocio.

En este apartado vas a aprender a identificar las necesidades tecnológicas de tu empresa, así como a solucionar todos esos problemas técnicos que, pese a no ser excesivamente complicados, pueden hacerte perder una gran cantidad de tu valioso tiempo si no sabes cómo resolverlos.

## 4.1. Identificación de los problemas técnicos más frecuentes en entornos digitales

En un mundo cada vez más digitalizado en el que los consumidores están más habituados al uso de las tecnologías de la información, la transformación digital se ha convertido en una necesidad para la supervivencia de las empresas.

Pero no son solo los clientes quienes demandan este tipo de cambios, en los últimos tiempos (especialmente a raíz del confinamiento causado por la epidemia de la COVID-19) son muchas las empresas que han optado por introducir nuevas modalidades de teletrabajo, que suponen un gran avance para la conciliación de la vida personal y profesional de sus empleados.

Asistimos, por tanto, a un gran reto para la transformación de las empresas que requieren una serie de necesidades digitales que se resumen a continuación:

**Marketing online**
- Los consumidores son cada vez más asiduos a las compras *online*, por lo que las empresas han de saber colocar sus productos en este nuevo mercado. La presencia digital de las empresas es cada vez más necesaria.

**Sistemas de CRM *(Customer Relationship Management)***
- Se trata de una tecnología que ofrece a las empresas una completa gestión de la información de todos sus clientes y proveedores y facilita en gran medida la toma de decisiones comerciales.

**Sistemas de teletrabajo**
- La mayoría de las aplicaciones informáticas empresariales ya cuentan con una versión *online* que permite a sus usuarios trabajar de forma remota, sin necesidad de estar físicamente en las instalaciones de la empresa.

Sin embargo, la introducción de nuevas herramientas tecnológicas y la digitalización de los procesos empresariales también ha traído consigo la aparición de nuevos problemas técnicos que pueden llegar a ser un verdadero impedimento para poder sacar nuestro trabajo adelante. Veamos a continuación algunos de los problemas más comunes cuando trabajamos *online:*

- ⊃ **Cuando intento acceder a la aplicación me aparece un mensaje de "error de conexión":** es el tipo de error más común y el que más desespera a los usuarios de aplicaciones *online.* La mayoría de las veces se debe a que nuestro ordenador no está debidamente conectado a internet, por lo que tendremos que comprobar nuestra conexión wifi o nuestro cable de red. En otras ocasiones, el problema se encuentra en el propio servidor de internet que, debido a cualquier tipo de anomalía, pudiera no estar disponible. En ese caso, no nos quedará más remedio que contactar con el servicio técnico informático para que solucionen el problema.
- ⊃ **Mi conexión a internet es muy lenta:** suele ser un problema muy habitual en entornos de teletrabajo debido a que la configuración de las redes domésticas no está tan optimizada como las que podemos encontrar en una oficina. En estos casos, conviene comprobar que la intensidad de la señal wifi es suficiente y, de no ser así, buscar una ubicación más adecuada.
- ⊃ **Mi ordenador va muy lento:** en ocasiones, los problemas no están en la calidad de la conexión a internet, sino en nuestro propio ordenador. Suponiendo que las prestaciones de nuestra máquina son suficientes y que no estamos usando un equipo muy antiguo, puede que la causa se deba a que tenemos demasiadas aplicaciones abiertas, las cuales están ralentizando el funcionamiento del ordenador. En estos casos, podemos abrir el *Administrador de tareas* (pulsando simultáneamente las teclas [Ctrl] + [Alt] + [Suprimir]) e ir cerrando todas aquellas aplicaciones que no necesitemos para realizar nuestra tarea.

 **RECUERDA**

Gran parte de los problemas que nos vamos a encontrar a la hora de trabajar con un equipo informático pueden evitarse simplemente tomando una serie de precauciones y medidas de seguridad básicas: mantener el *software* actualizado, instalar un antivirus y un cortafuegos, no abrir datos adjuntos sospechosos ni hacer clic en enlaces que no provengan de fuentes fiables, no usar dispositivos USB externos si no son de confianza, etc., son algunos consejos que nos ayudarán a preservar nuestros equipos en las mejores condiciones para poder realizar nuestro trabajo sin dificultad.

## 4.2. Técnicas de resolución de problemas técnicos (alimentación y conexión de dispositivos y periféricos)

En ocasiones, puede que nos encontremos con otro tipo de problemas técnicos que no tienen por qué estar relacionados con el teletrabajo, sino que pueden ocurrirnos igualmente cuando nos encontremos en las instalaciones de la empresa.

En estos casos, aunque lo primero que se nos venga a la mente sea llamar al servicio técnico informático, es posible que podamos resolver el problema nosotros mismos. Veamos algunas de las incidencias más comunes:

| El ordenador no se enciende | - En estos casos, lo primero es revisar que el cable de alimentación esté correctamente conectado a la red (no sería la primera vez que alguien decide desconectarlo en tu ausencia porque necesita enchufar cualquier otro aparato). Si no fuera esta la causa, en el caso de que utilices un ordenador portátil, revisa igualmente que la batería está cargada y que todos los cables de alimentación estén en buen estado. Si a pesar de todo el ordenador sigue sin encender, es posible que la avería se encuentre en alguno de los componentes internos del ordenador y no te quede más remedio que llamar al servicio técnico. |
|---|---|
| El ratón o el teclado no funcionan | - Una vez más, la primera opción es comprobar que los dispositivos están conectados correctamente y que el cable de conexión se encuentra en buen estado. Si el problema persiste, es posible que los *drivers* estén caducados, por lo que tendremos que abrir la aplicación Administrador de dispositivos (en el panel de control de *Windows*) y verificar que todo funciona correctamente. Si aun así no hemos conseguido hacerlos funcionar, es posible que el error se encuentre en el propio dispositivo, y tendremos que llamar al servicio técnico para que los sustituyan. |

## 4.3. Identificación de las necesidades tecnológicas según el entorno y necesidades de uso

Las necesidades tecnológicas, en cuanto a equipamiento informático se refiere, van a variar en función de si nos encontramos en un entorno de trabajo presencial (en las instalaciones de la empresa) o en un entorno de teletrabajo (desde nuestro propio domicilio, desde las instalaciones de alguno de nuestros clientes, o desde un centro de congresos):

| **Trabajo presencial** | - A la hora de configurar un puesto de trabajo en nuestras propias oficinas deberemos facilitar, en la medida de lo posible, que nuestros empleados dispongan del equipamiento necesario para optimizar su trabajo. |
|---|---|
| **Teletrabajo** | - En estos casos debemos tener en cuenta las limitaciones de espacio que nos podemos encontrar en cada una de las distintas ubicaciones, por lo que la mejor opción pasa por adquirir un ordenador portátil con conexión inalámbrica, en el que instalaremos todo el *software* necesario para que nuestros empleados puedan trabajar en remoto. |

## 4.4. Elaboración de respuestas a las necesidades tecnológicas según necesidades de uso identificadas

Como acabamos de ver en el apartado anterior, las necesidades tecnológicas van a variar según nos encontremos en un entorno de trabajo presencial o de teletrabajo. En función de esta circunstancia podríamos optar por una u otra de las siguientes soluciones:

> Para el **trabajo presencial** el equipamiento más adecuado estará compuesto por un ordenador de sobremesa, con conexión a internet mediante cable de red, provisto de un teclado y un ratón ergonómicos optimizados para su uso durante toda la jornada laboral. Añadiremos una pantalla de grandes dimensiones (mínimo 24") para facilitar el trabajo con varias aplicaciones de forma simultánea.

> En el supuesto de encontrarnos en un entorno de **teletrabajo,** conviene hacer uso de un ordenador portátil ligero (no más de 2 kg) y de reducidas dimensiones (máximo 15") para así facilitar su transporte por parte de nuestros empleados. Asimismo, deberá disponer con conexión wifi de alta velocidad y con unas prestaciones mínimas que le permitan ejecutar todas las aplicaciones necesarias para el trabajo en remoto (mínimo 8 GB de memoria RAM y 256 Gb de disco duro SSD).

 **ACTIVIDAD COMPLEMENTARIA**

2. En su búsqueda de soluciones que le permitan acometer la transformación digital de su empresa, Mar ha encontrado una subvención pública destinada

*Continúa en página siguiente >>*

*<< Viene de página anterior*

a fomentar la digitalización de las pequeñas y medianas empresas, que concede hasta un máximo de 12.000 € para la adquisición de equipamiento informático.

Suponiendo que la bodega cuenta actualmente con 10 empleados en el Departamento de Administración, elabora un presupuesto con el equipamiento necesario para dotar de un puesto de trabajo en oficina para cada empleado, incluyendo el *software* necesario para realizar tareas ofimáticas. ¿Cuál sería el presupuesto en caso de optar por un entorno de teletrabajo?

## 4.5. Uso de la tecnología digital de forma creativa elaborando textos, imágenes, audios o vídeos

Los últimos avances en inteligencia artificial generativa nos han abierto un sinfín de posibilidades con las que vamos a ser capaces de crear todo tipo de contenido multimedia de una manera realmente sencilla y sin necesidad de poseer conocimientos técnicos. Veamos algunas de estas herramientas:

- ⮑ *ChatGPT:* se trata de la herramienta de inteligencia artificial por excelencia, pionera en la generación de contenidos a nivel global y que se ha usado como base para desarrollar multitud de aplicaciones derivadas. Su principal funcionalidad consiste en poder establecer una conversación (vía chat) en la que podemos pedirle que nos cree todo tipo de contenidos (redacciones, proyectos, resúmenes, tablas, etc.) a lo que responderá con una serie de respuestas muy completas y acertadas.
- ⮑ *DALL-E:* desarrollado por la misma empresa que *ChatGPT,* esta aplicación nos ofrece la posibilidad de crear todo tipo de imágenes originales a partir de una descripción textual, en la cual podemos combinar todo tipo de conceptos, atributos y estilos artísticos. Para ello, ha sido entrenada con millones de fotografías, imágenes y obras de arte, con lo que se consiguen resultados realmente sorprendentes.
- ⮑ *Synthesia:* es una plataforma de inteligencia artificial que nos permite generar vídeos con avatares de una forma muy sencilla y rápida. Nos permite elegir entre más de 70 avatares, que serán los encargados de transmitir el mensaje de nuestra marca. Además, también podemos crear nuestro propio avatar.
- ⮑ *Auphonic:* se trata de una herramienta que nos ayudará a mejorar la calidad de nuestros contenidos de audio. De forma automática, esta herramienta es capaz de ajustar los niveles de volumen, reducir el ruido de fondo y mejorar la calidad del sonido de nuestras grabaciones.

## CONSEJO

Aunque las herramientas basadas en inteligencia artificial pueden ahorrarte mucho tiempo y esfuerzo a la hora de crear cualquier tipo de contenido, es muy importante que revises muy bien el resultado antes de publicarlo o entregárselo a un cliente. Este tipo de aplicaciones no están basadas en técnicas semánticas, sino conexionistas. Por tanto, la inteligencia artificial siempre nos va a ofrecer resultados que suelen estar típicamente interconectados y relacionados entre sí, pero no son capaces de discernir si el resultado es correcto o verosímil. Por esta razón es muy importante realizar una revisión de los resultados obtenidos.

## 4.6. Identificación de lagunas en la competencia digital propia

En el año 2013, ante la rápida evolución de la sociedad digital, el Centro Común de Investigación (Joint Research Centre JRC) de la Comisión Europea definió un **Marco de Competencias Digitales para la Ciudadanía** con el principal objetivo de definir los conocimientos y habilidades necesarias para poder desarrollarnos como ciudadanos en la era digital.

Este marco distingue un total de **21 competencias digitales** que han sido agrupadas en cinco categorías o áreas principales:

**Información y alfabetización digital**
- Hace referencia a la capacidad para buscar información en entornos digitales, acceder y navegar por los distintos contenidos digitales y tener un pensamiento crítico sobre su fiabilidad.

**Comunicación y colaboración**
- Se refiere a la capacidad para participar en la sociedad a través de los servicios digitales (públicos y privados), así como hacer uso de las tecnologías digitales adecuadas.

**Creación de contenidos digitales**
- Comprende todas aquellas habilidades necesarias para crear y modificar todo tipo de contenidos digitales.

*Continúa en página siguiente >>*

*<< Viene de página anterior*

**Seguridad**
- Se refiere a la capacidad para proteger los dispositivos, contenidos y datos personales para garantizar la privacidad en un entorno digital.

**Resolución de problemas**
- Hace referencia a la capacidad para identificar y resolver los problemas y necesidades en un entorno digital.

## PARA SABER MÁS

Asimismo, se ha desarrollado una herramienta de autoevaluación que te permitirá conocer tu nivel en cada una de las competencias digitales. Puedes acceder a esta herramienta *online* a través del siguiente enlace:

https://redirectoronline.com/fcoi080201

## 4.7. Búsqueda de oportunidades para el autodesarrollo y mantenerse al día con la evolución digital

La sociedad digital se caracteriza por su carácter cambiante y su continua evolución: lo que ayer era una auténtica novedad, hoy puede quedarse obsoleto por la aparición de una nueva tecnología mucho más evolucionada.

Ante este entorno de continuos cambios, es necesario establecer un firme propósito de actualización permanente para mantenerse al día en las últimas novedades tecnológicas, especialmente en aquellas relacionadas directamente con nuestro sector profesional.

Para esta difícil tarea contamos con la ayuda de diversas administraciones públicas y entidades privadas que ponen a nuestra disposición numerosas acciones formativas que nos permitirán actualizar nuestros conocimientos en materia digital. Veamos algunas de las más destacadas:

**Gobierno de La Rioja**
- La plataforma *Digitalízate con La Rioja* ofrece una serie de cursos presenciales que nos permiten conformar distintos itinerarios formativos de iniciación a la informática, internet y el ocio digital.

**Gobierno de Castilla - La Mancha**
- Ha desarrollado un portal de *Ciudadanía Digital* en el que se ofertan diferentes acciones formativas *online* que permite a toda la población desarrollar su competencia digital.

**Fundación Estatal para la Formación en el Empleo (FUNDAE)**
- Pone a nuestra disposición la plataforma *digitalízatePLUS* a través de la cual vamos a poder acceder a diversas formaciones gratuitas con las que podremos actualizar nuestros conocimientos digitales a nivel profesional.

**Instituto Nacional de Tecnologías Educativas y de Formación del Profesorado (INTEF)**
- Pone a disposición de toda la comunidad educativa una completa oferta formativa especializada en el uso de las distintas tecnologías educativas en el ámbito escolar o familiar.

## 4.8. Apoyo a los demás en el desarrollo de sus competencias digitales básicas

Como suele decirse, "a andar se aprende andando". Por esta razón, cuando hablamos de competencias digitales, hemos de reconocer que, independientemente de la formación recibida, cuando realmente aprendemos a dominar las nuevas tecnologías es cuando hacemos uso de ellas y, poco a poco, nos enfrentamos a todo tipo de problemas que, tras resolverlos, van afianzando todos nuestros conocimientos.

Así, cada vez que nos enfrentemos a cualquier tipo de dificultad tecnológica, si no somos capaces de resolverla por nosotros mismos, siempre podemos consultar a otra persona más experta que ya haya pasado por esta situación. Es lo que llamamos *inteligencia colectiva*.

Una buena práctica para fomentar la inteligencia colectiva por parte de los empresarios es la creación de una pequeña **intranet** a la que solo tengan acceso los empleados y alojar en ella un **Foro de discusión,** donde los trabajadores puedan exponer todas sus dudas para que otros, con más experiencia, puedan resolverlas.

 **DEFINICIÓN**

**Intranet**

Se trata de una web restringida a un grupo reducido de usuarios, normalmente los miembros de una misma empresa, en la que se pone a su disposición toda la información relevante para el negocio, facilitando así la colaboración y la comunicación entre los distintos equipos de trabajo.

Además, también podemos crear una sección donde publiquemos todas aquellas dudas frecuentes que suelen encontrar los empleados a la hora de realizar sus tareas. A esta sección se le suele llamar *Frequently Asked Questions* (FAQ).

 **TAREA 4**

Con todo lo que llevas aprendido en esta unidad podrías considerarte una persona experta en digitalización empresarial. Por este motivo, Mar te ha pedido ayuda para capacitar a sus empleados, de tal manera que puedan hacerse cargo de las tareas administrativas de la bodega.

Ya de entrada, te avisa de que su plantilla es muy heterogénea y comprende desde trabajadores muy jóvenes, que están más que acostumbrados al uso de todo tipo de tecnologías digitales, hasta otros de más avanzada edad, que llevan toda su vida trabajando "a la antigua usanza". Por lo que augura que no va a ser una tarea fácil.

¿Qué consejos le darías a Mar? ¿Qué acciones debe acometer para la formación de sus trabajadores en competencia digital?

## 5. Resumen

Internet es una de las tecnologías que más se ha desarrollado en los últimos años y la que más ha influido en la transformación de nuestra sociedad, al estar presente en la mayoría de nuestras rutinas diarias.

Entre otras muchas funcionalidades, internet siempre ha destacado por facilitar la comunicación entre las personas. Para ello, pone a nuestra disposición diversas tecnologías y herramientas que podemos clasificar de la siguiente manera:

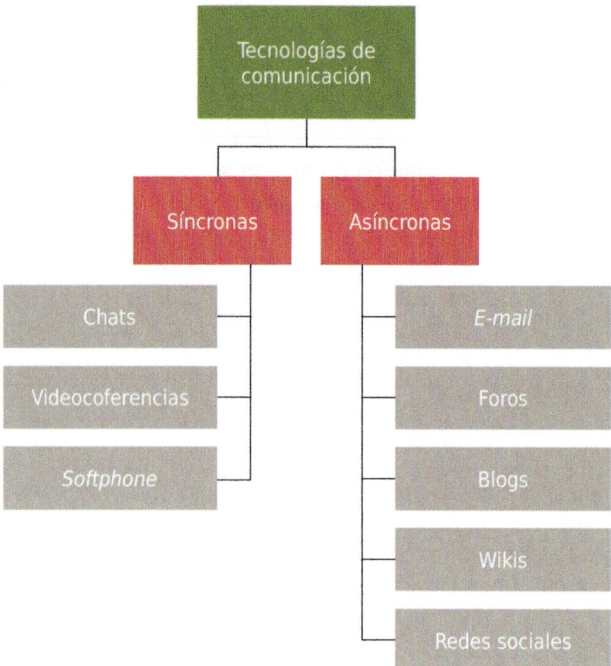

Asimismo, internet ha propiciado la aparición de nuevas modalidades de teletrabajo que van a permitir a nuestros empleados trabajar desde su propio domicilio y mejorar así su conciliación de la vida laboral y personal. Sin embargo, hemos de ser consciente de que el teletrabajo también requiere de una serie de necesidades tecnológicas específicas (equipos portátiles más ligeros y potentes) y que nuestros empleados deberán enfrentarse a una serie de problemas técnicos que, en muchas ocasiones, deberán solventar ellos mismos para poder continuar con sus tareas.

A la hora de desarrollar una estrategia para afianzar la identidad digital de nuestra empresa en internet, conviene publicar periódicamente contenidos relacionados con nuestro sector empresarial.

Podemos crear todos estos contenidos haciendo uso de distintas herramientas como *Wordpad* (para crear documentos de texto) o Paint (para crear imágenes).

Para nuestras publicaciones, también podemos hacer uso de contenidos de otros autores que hayamos encontrado en internet. No obstante, hemos de respetar en todo momento los derechos de autor. De tal manera que, antes de hacer uso de cualquier obra ajena, tengamos muy presentes los términos que se indican en su correspondiente licencia.

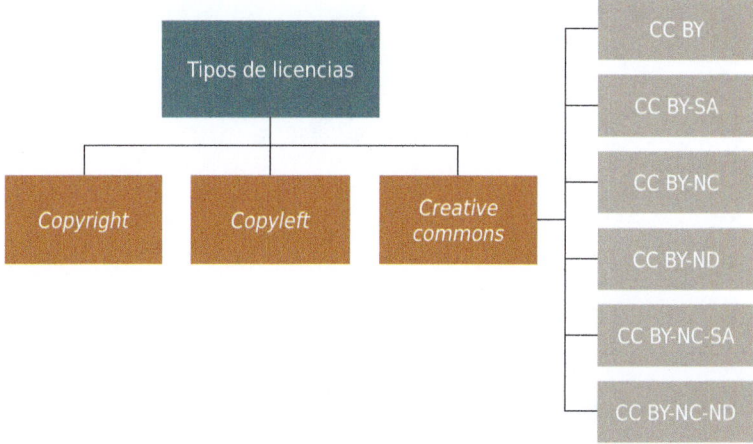

Una tercera opción es hacer uso de las nuevas herramientas que incorporan la tecnología de la inteligencia artificial generativa, con la cual vamos a poder crear todo tipo de contenidos originales (texto, imágenes, audio, vídeo, etc.) a partir de una simple descripción textual.

# Ejercicios de autoevaluación
# Unidad de Aprendizaje 2

1. ¿Cuál de las siguientes tecnologías estaría catalogada como asíncrona?

   a. Videoconferencia
   b. Chats
   c. Foros de discusión
   d. *Softphone*

2. Determina si la siguiente oración es verdadera o falsa: "Outlook es el servicio de correo electrónico de Microsoft y en sus orígenes era conocido como Hotmail".

   ■ Verdadero
   ■ Falso

3. ¿Cuál es la capacidad máxima de almacenamiento que ofrece el proveedor de correo electrónico Yahoo?

   a. 10 Gb
   b. 100 Gb
   c. 500 Gb
   d. 1.000 Gb

4. ¿Cuál de las siguientes aplicaciones de mensajería está más enfocada al mundo empresarial?

   a. *WhatsApp*
   b. *Slack*
   c. *Telegram*
   d. *Line*

5. ¿Qué limitaciones tienen las reuniones de *Microsoft Teams* en su versión gratuita?

   a. 30 min y 50 participantes
   b. 30 min y 100 participantes

c. 60 min y 100 participantes

d. 60 min y 200 participantes

6. **¿Cuál es el tamaño máximo para los archivos adjuntos que suelen fijar los proveedores de correo electrónico?**

   a. 2 Mb

   b. 5 Mb

   c. 10 Mb

   d. 25 Mb

7. **¿Cuál de las siguientes redes sociales está especializada en la publicación de vídeos cortos con contenido principalmente orientado al entretenimiento?**

   a. *Facebook*

   b. *Youtube*

   c. *TikTok*

   d. *X*

8. **¿Cuál de las siguientes no forma parte de las normas de protocolo propias de la netiqueta?**

   a. Respetar la privacidad de los demás.

   b. Reutilizar contenido de terceros.

   c. Expresarse de manera correcta.

   d. Cuidar el tamaño de los archivos adjuntos.

9. **¿Cuál de las siguientes herramientas de Paint nos permite acceder a funcionalidades de inteligencia artificial?**

   a. Formas

   b. Pinceles

   c. Cocreador

   d. Capas

10. **¿Cuál de los siguientes derechos no está englobado dentro de los derechos de explotación de una obra?**

    a. Reproducción
    b. Autoría
    c. Distribución
    d. Transformación

# Competencias digitales básicas para el emprendimiento

## Contenido

1. Introducción
2. Recursos tecnológicos necesarios para el desarrollo de la idea de negocio a emprender
3. Adquisición de bienes, productos y servicios a través de webs y plataformas de comercio electrónico
4. Comercialización de bienes, productos y servicios en portales y plataformas de venta digitales
5. Relación con las administraciones públicas por medios electrónicos mediante el certificado digital
6. Resumen

## Objetivos

El objetivo general de esta Unidad de Aprendizaje es:

→ Adquirir habilidades digitales que faciliten al emprendedor o emprendedora la puesta en marcha de un negocio.

Los objetivos específicos de esta Unidad de Aprendizaje son:

→ Identificar los recursos tecnológicos necesarios para el desarrollo de una idea de negocio.

→ Adquirir los bienes, productos y servicios necesarios a través de webs y plataformas de comercio electrónico.

→ Comercializar bienes, productos y servicios en portales y plataformas de ventas digitales.

→ Acceder a los servicios de las Administraciones públicas a través de medios electrónicos.

# 1. Introducción

Al igual que el resto de la sociedad, el mundo empresarial ha experimentado una gran transformación en los últimos años debido, en gran parte, al desarrollo de internet y de las nuevas tecnologías de la información.

Así, en la era digital, las empresas se enfrentan a un entorno muy competitivo que se ve alterado constantemente debido a la aparición de nuevas herramientas digitales que suponen una gran ventaja para aquellos negocios que son capaces de adaptarse a la nueva situación antes que sus competidores.

Mar está convencida de que, para que su bodega pueda salir adelante en pleno siglo XXI, no puede seguir haciendo las cosas como sus antepasados. Por ello, aun manteniendo la producción de sus vinos de manera artesanal para conservar la calidad de su producto, está decidida a hacer uso de todas las ventajas de las nuevas tecnologías en el resto de los procesos del negocio.

# 2. Recursos tecnológicos necesarios para el desarrollo de la idea de negocio a emprender

### ☞ HILO CONDUCTOR

Mar quiere dar un paso más en la transformación digital de su negocio y para ello ya no le basta con aplicar las nuevas tecnologías en el departamento de administración: ahora necesita digitalizar otros procesos operativos como, por ejemplo, el Departamento de Ventas. Lo cual significa que ya no se realizarán únicamente tareas ofimáticas, sino que muy probablemente tenga que incorporar a su plantilla a personal especializado en comercio electrónico y *marketing online.*

A la hora de digitalizar cualquier proceso de negocio es preciso tomarse el tiempo necesario para analizar cuáles van a ser las necesidades reales de equipamiento informático. Debemos tener en cuenta que esta será una inversión a largo plazo, por lo que no podemos tomarla a la ligera.

Si somos capaces de identificar cuáles son nuestras necesidades reales, podremos adquirir el equipamiento que mejor se ajuste a nuestras necesidades y, en consecuencia, amortizar rápidamente nuestra inversión.

## 2.1. Identificación de las necesidades tecnológicas requeridas para desarrollar la idea de negocio

Aunque para la realización de la mayoría de las gestiones nos baste con adquirir un ordenador de propósito general, es posible que ciertos puestos de trabajo precisen de una serie de dispositivos específicos que ayuden a nuestros empleados a ser más eficientes en la realización de sus tareas. Veamos, a continuación, algunas de estas necesidades:

- Los **diseñadores gráficos** y los creadores de contenido multimedia necesitarán equipos informáticos con grandes pantallas de alta resolución optimizadas para el manejo de los programas de edición de vídeo y retoque fotográfico.
- Los **comerciales** requieren dispositivos portátiles (*smartphones, tablets,* etc.) así como ordenadores ultraligeros que faciliten su transporte cuando están fuera de las instalaciones de la empresa.
- Los **supervisores** realizarán mejor su trabajo si disponen de ordenadores portátiles convertibles (*surface),* que permiten su uso, indistintamente, como ordenador o como tableta.
- El personal **técnico informático** requerirá de potentes ordenadores (servidores) con los que gestionar los distintos servicios informáticos de la empresa.
- El personal que se encuentre en el **punto de venta** verá facilitado su trabajo si disponen de dispositivos *All in One* que optimicen el espacio en los mostradores de venta.

## 2.2. Definición de la tipología y las características de los equipos informáticos (ordenadores, impresora, entre otros)

Como ya hemos visto en el apartado anterior, existen diversos tipos de equipamiento informático con unas características muy específicas que nos ayudarán a desarrollar las tareas propias de cada puesto de trabajo. Veamos, a continuación, algunos de estos dispositivos:

- **Equipos de altas prestaciones gráficas:** incorporan potentes procesadores y grandes cantidades de memoria para poder trabajar con programas de alto rendimiento. Aunque su principal característica es que incorporan una tarjeta gráfica que facilita el uso de aplicaciones de diseño gráfico y edición de vídeo.

- **Tabletas y *smartphones:*** se trata de auténticos "ordenadores de bolsillo" que permiten ejecutar todo tipo de aplicaciones empresariales. No obstante, su reducido tamaño requiere diseñar interfaces de usuario adaptadas a este tipo de dispositivos.
- **Equipos portátiles o convertibles:** los ordenadores portátiles destacan por su usabilidad y su peso ligero, que permite transportarlos fácilmente y, de este modo, poder usarlos en cualquier lugar fuera de la oficina. Los "convertibles" son un tipo específico que pueden plegarse sobre sí mismos (dejando oculto el teclado) y transformarse en una tableta al uso.
- **Equipos *All in One:*** son equipos muy estilizados en los que todos sus componentes se encuentran integrados en la pantalla, para así poder prescindir al máximo de los cables de conexión.
- **Servidores:** son equipos diseñados para prestar todo tipo de servicios a través de la red (páginas webs, correo electrónico, almacenamiento en la nube, etc.), por esta razón requieren de una gran cantidad de almacenamiento, así como de uno o varios procesadores que le permitan dar servicio a muchos usuarios de forma simultánea.

## SABÍAS QUE...

Aunque actualmente no nos imaginamos un puesto de oficina sin un ordenador personal que nos ayude con las tareas cotidianas como, por ejemplo redactar documentos, realizar cálculos, enviar y recibir correo, etc., hace unas décadas todo era muy distinto, pues todas estas tareas se realizaban de manera manual.

En 1975, la revista *Business Week* publicó un artículo titulado "La oficina del futuro" en el que el jefe de investigación de Xerox predijo la llegada de "una televisión en la que se podría buscar cualquier documento presionando tan solo un botón".

## 2.3. Selección de la conexión a internet según características técnicas, costes y disponibilidad

Hoy en día, no se concibe que cualquier empresa pueda subsistir sin una conexión a internet, ya sea para gestionar la web corporativa o para usar una aplicación de gestión *online* o simplemente para enviar y recibir correos electrónicos, siempre necesitaremos una conexión a internet.

*Internet se ha convertido en una herramienta indispensable para cualquier empresa.*

Sin embargo, en función del tipo de trabajo que vayamos a realizar o de la cantidad de empleados que requieren usar la conexión de forma simultánea, necesitaremos que nuestra conexión cumpla con unas especificaciones técnicas determinadas:

- **Tecnología de conexión:** actualmente, la mayoría de las empresas pueden contratar una conexión de fibra óptica, pues esta proporciona grandes prestaciones en cuanto a velocidad y calidad de las comunicaciones. No obstante, probablemente tengamos que contratar conexiones inalámbricas para poder hacer uso de nuestros dispositivos portátiles fuera de la oficina. Si nuestra empresa está en una ubicación geográfica donde aún no haya disponibilidad de fibra óptica, nos veremos obligados a contratar una conexión de ADSL, con la consiguiente pérdida de calidad y velocidad, o una conexión por satélite, cuyo coste es más alto.
- **Velocidad de conexión:** hoy en día, gracias a la tecnología de fibra óptica, podemos contratar conexiones desde los 300 Mbps hasta 1 Gbps. La elección dependerá de cuántos empleados vayan a usar internet simultáneamente y de las aplicaciones que utilicemos: si solo enviamos correos electrónicos y navegamos por internet no necesitaremos una velocidad muy alta. En cambio, si vamos a trabajar constantemente con aplicaciones *online* necesitaremos una mayor velocidad de conexión.
- **Ancho de banda:** por regla general, los usuarios domésticos utilizan internet para "consumir" información, de tal manera que el flujo de datos de bajada (desde internet hacia su ordenador) es mayor que el de subida. Para este tipo de usuarios, los operadores de comunicación ofrecen conexiones de internet asimétricas, en las que la velocidad de bajada es mucho mayor que la de subida. Sin embargo, las empresas suelen utilizar su conexión a internet indistintamente para subir o bajar datos a la red, por lo que conviene contratar una fibra simétrica.

 **TAREA 5**

Mar ha decidido que el siguiente departamento de su empresa que quiere digitalizar es el Departamento de *Marketing*. Para ello, ha contratado los servicios de una empresa que le ofrece un *software* completo de gestión comercial. Este *software* funciona en línea, por lo que necesitará que todos los miembros del departamento tengan un ordenador con conexión a internet.

Teniendo en cuenta que el equipo de *marketing* está formado por cinco empleados, ¿podrías ayudar a Mar elaborando una lista con las necesidades tecnológicas (equipos informáticos y conexión a internet) que necesita para poner en marcha este proyecto?

## 3. Adquisición de bienes, productos y servicios a través de webs y plataformas de comercio electrónico

### ☞ HILO CONDUCTOR

Hasta ahora, Bodegas Balista se proveía exclusivamente a través de proveedores locales. Este método nunca les ha causado ningún tipo de problema, ya que se basaba en una relación de confianza. Sin embargo, Mar se ha percatado de que en los últimos meses han tenido algún que otro problema de aprovisionamiento, en algunas ocasiones por retrasos en los pedidos y en otras por necesitar algún producto novedoso que sus proveedores no le podían servir. Esto ha causado que la empresa no pueda contar con los productos más novedosos del mercado, con la consecuente pérdida de competitividad.

Por esta razón, Mar quiere aprovechar las posibilidades que le ofrece internet para buscar nuevos proveedores que le permitan modernizar su negocio.

El desarrollo de internet ha supuesto una auténtica revolución en el comercio internacional. Si antaño las pequeñas empresas se veían avocadas al uso de canales de distribución de ámbito local o regional, hoy en día, gracias al comercio electrónico, pueden optar a un mercado global, es decir, pueden comprar y vender sus productos en cualquier otra parte del globo.

*El comercio electrónico ofrece a los pequeños negocios una gran oportunidad para expandirse al extranjero.*

---

## 3.1. Identificación de las necesidades de compra en relación con las propias necesidades

Una de las principales preocupaciones a las que se enfrenta todo emprendedor cuando abre un nuevo negocio es la necesidad de controlar el *stock* de su almacén.

Una mala gestión del *stock* puede acarrear graves problemas económicos, pues si tienes demasiado inventario te verás obligado a almacenar productos que no vendes y, por el contrario, una falta de inventario no cumpliría con las demandas de los clientes y se perderían muchas ventas.

Sin embargo, si consigues controlar la gestión del *stock* no solo mejorarás la experiencia de tus clientes, sino que podrás tomar decisiones más conscientes al tener la información necesaria para saber en todo momento cuáles son tus necesidades de compra.

A continuación, te mostramos algunos consejos que te ayudarán gestionar tu *stock* de una manera más eficiente:

**Analiza las ventas**
- Es muy importante saber cuáles son las tendencias de venta de tus productos para así poder prever la demanda. Esto te permitirá ajustar la cantidad de productos que necesitas tener en *stock*.

**Establece un sistema de reordenamiento**
- Establece un punto de inventario óptimo que te permita tener suficiente *stock* para satisfacer las demandas de tus clientes sin necesidad de tener que hacer grandes inversiones.

**Automatiza la gestión de inventario**
- Aprovecha tecnologías como los lectores de códigos de barra o las etiquetas RFID para llevar un seguimiento más preciso de la circulación de ellos productos.

**Selecciona a tus proveedores**
- Procura trabajar con proveedores que te garanticen una gestión de pedidos fácil y rápida de usar (a través de internet o de una llamada telefónica) y compara sus tiempos de respuesta y plazos de entrega.

**Utiliza las promociones para aumentar la rotación**
- Si conoces las tendencias de venta de tus productos, podrás determinar cuáles se están vendiendo mejor en cada momento. Gracias a esta información, podrás realizar promociones para incentivar la venta de los productos que más te interese sacar de tu almacén.

 **VÍDEO**

En este vídeo se explican cuáles son los tres parámetros básicos para la gestión del *stock:*

https://redirectoronline.com/fcoi080301

## 3.2. Manejo de la terminología utilizada en el ámbito digital del comercio electrónico (plataforma de comercio electrónico, portal, *marketplace,* certificado electrónico, entre otros)

Antes de introducirte en el mundo del comercio electrónico *(e-commerce)* conviene que conozcas algunos de los términos más utilizados en este ámbito:

- **Plataforma de comercio electrónico:** se trata de un *software* específico que nos permite crear tiendas *online* e incluirlas dentro de nuestra propia página web.
- **Portal:** se trata de un sitio web en el que ofrece a los usuarios una serie de recursos y servicios de manera integrada. Podemos encontrar portales de venta generalistas o bien especializados en una temática muy concreta: libros, música, moda, tecnología, deportes, gastronomía, etc.
- *Marketplace:* es un sitio web en el que se ponen en contacto a compradores y vendedores para que puedan realizar todo tipo de transacciones comerciales. A efectos prácticos, actuaría como un portal en el que podemos encontrar todo tipo de productos de múltiples vendedores diferentes.
- **Certificado electrónico:** se trata de un fichero digital con el cual, mediante técnicas de firma electrónica, podemos acreditar nuestra identidad cuando accedemos a internet. Existen también certificados electrónicos de servidor que nos garantizan la identidad de la web que estamos visitando.
- **Pasarela de pago:** se trata de un servicio proporcionado por un tercero (normalmente un entidad bancaria) que actúa como intermediario a la hora de procesar transacciones dinerarias entre los clientes y los portales de ventas.
- **Carrito de compra:** es una "lista virtual" en la que se añaden todos los productos que un usuario compra a medida que navega por una tienda *online.*
- *Checkout:* se refiere al momento en el que un cliente se dispone a finalizar su compra en una tienda *online.*
- **Carrito abandonado:** reciben este nombre aquellos carritos de la compra en los que finalmente el cliente abandona la web sin llegar a completar la transacción.

### 3.3. Visita a las páginas webs de las principales plataformas de comercio electrónico (a título ilustrativo, *Amazon, Ebay, El Corte Inglés, Aliexpress, Wallapop,* entre otros)

En internet podemos encontrar cientos de sitios webs dedicados a la venta de todo tipo de productos. Sin embargo, debido a su popularidad, vamos a centrarnos en los siguientes:

- **Amazon:** se trata de la empresa de comercio electrónico más grande del mundo. En sus orígenes se limitaba a la venta de libros *online,* caracterizándose por enfocar su negocio hacia un amplio catálogo de libros que no pudieran encontrarse fácilmente en una pequeña librería. Poco a poco, su negocio se fue expandiendo hasta ofertar una amplia variedad de productos y servicios.
- **El Corte Inglés:** se trata de una conocida cadena de grandes almacenes española que fue pionera, a nivel nacional, en crear un portal de ventas *online* tal y como lo conocemos en la actualidad. En su web podemos comprar todo tipo de artículos de moda, deportes, electrónica e incluso productos de supermercado.
- **Aliexpress:** es un *marketplace* inaugurado en el año 2010 por la empresa de origen chino *Alibaba,* con el principal objetivo de expandirse internacionalmente y plantarle cara a la empresa Amazon. En la actualidad tiene más de 150 millones de clientes a nivel mundial y oferta alrededor de 50 millones de productos a precios muy competitivos.
- **Wallapop:** se trata de un *marketplace* de productos de segunda mano que permite comprar y vender todo tipo de artículos en el área local de los usuarios. Dispone de una completa *app* con la que los vendedores pueden poner a la venta sus artículos y los compradores pueden contactar con ellos para interesarse por dichos productos.
- **eBay:** inaugurada en 1995, se trata de una de las webs de compras *online* pionera a nivel mundial. Una de las claves de su éxito consiste en la posibilidad de que vendedores particulares puedan poner sus propios productos a cambio de una pequeña comisión de venta.
- **Fruugo:** es un *marketplace* de origen generalista donde podemos encontrar prácticamente cualquier cosa, ya que está abierto a vendedores de una gran variedad de productos. Su principal ventaja reside en su enfoque internacional, ya que trabaja con 20 divisas diferentes y 15 idiomas distintos.

**PARA SABER MÁS**

Aunque la mayoría de las plataformas de venta *online* tienden a potenciar la compraventa de artículos de cualquier parte del mundo, enfocándose de este modo en un comercio más internacional, hemos de destacar la aparición de nuevas iniciativas como la de *Correos Market* que está mucho más enfocada en el comercio de productos artesanales de proximidad, brindando así a los pequeños productores una plataforma de *e-commerce* con la que poder vender sus productos en todo el territorio nacional.

https://redirectoronline.com/fcoi080302

## 3.4. Utilización del sistema de búsqueda de las propias plataformas de comercio electrónico para encontrar bienes y productos

A medida que los portales de venta *online* se han hecho más populares entre el público general, estos han perfeccionado su sistema de búsqueda de productos para asegurarse un mayor volumen de ventas. Así, cuando accedemos a un portal de ventas *online,* se nos ofrecen varios mecanismos para encontrar el producto deseado:

**Sistema de categorías**
- Alojado en la parte superior de la web, podemos encontrar un menú donde se listan las diferentes categorías de productos (libros, música, electrónica, moda, etc.).

**Formulario de búsqueda**
- Si tenemos claro lo que queremos comprar, lo más sencillo es introducir el nombre del producto en este formulario y pulsar el botón de la lupa. El buscador nos mostrará inmediatamente una lista de resultados con aquellos artículos que mejor se adapten a nuestra búsqueda.

*Continúa en página siguiente >>*

*<< Viene de página anterior*

> **Ofertas especiales**
> - Suele ser muy habitual que en la página principal del portal se muestren aquellos artículos rebajados o en oferta. Esta selección suele estar basada en las búsquedas y compras que hayamos hecho con anterioridad.

## 3.5. Selección de los productos de interés y comparar sus características (precio, tiempo y coste de envío, entre otros) entre diferentes plataformas de comercio electrónico

Suele ser muy común encontrar un mismo producto a diferentes precios si lo buscamos en uno u otro portal de venta *online*. Es posible que esta diferencia se deba a algún tipo de oferta especial o bien que el precio final del producto no sea el que aparece en un primer momento (puede que en ocasiones no se incluya el IVA o los gastos de envío).

Por esta razón, antes de decidirnos a realizar una compra *online*, resulta conveniente visitar varias webs de *e-commerce* y fijarnos especialmente en los siguientes aspectos:

- **Descripción del producto:** en ocasiones, un producto altamente demandado suele ser ofertado en forma de imitaciones o productos similares de inferior calidad. Por ello, conviene leer muy bien las especificaciones del mismo y asegurarse de qué es realmente lo que estamos comprando.
- **Coste de envío:** puede que el precio que se muestra en la oferta no incluya los gastos de envío que, en ocasiones, pueden ser realmente elevados para según qué tipo de productos.
- **Tiempo de entrega:** muchas veces, un precio más bajo puede deberse a que el producto se encuentra en un lugar muy remoto que se envía por medios con dilatados tiempos de espera.
- **Precio final:** antes de confirmar la venta, asegúrate de cuál es el importe final del pedido, incluyendo impuestos y gastos de envío. Es posible que, tras añadir todos estos conceptos, el producto pueda resultar más económico en alguna otra tienda *online*.

*Al igual que en una tienda física, es muy recomendable comparar el precio y las características de los productos en nuestras compras online.*

## 3.6. Cumplimentación de los datos de envío (dirección y titular), considerando la privacidad y cesión de datos personales

Por norma general, para poder realizar cualquier tipo de compra en un portal de venta *online,* tenemos que pasar por un proceso de registro y crearnos una cuenta de usuarios previamente.

En esta fase previa de registro, nos suelen pedir algunos datos personales como, por ejemplo, nombre y apellidos, fecha de nacimiento, documento de identidad, dirección, *e-mail,* teléfono, etc.

Usualmente, estos datos son custodiados y almacenados por la empresa responsable del sitio web, garantizando que se va a hacer un buen uso de ellos. Sin embargo, hemos de tener especial cuidado cuando dicha información se comparta con otros vendedores o con páginas web de dudosa reputación, ya que suele ser muy habitual que los ciberdelincuentes generen tiendas *online* falsas en las que ofrecen productos a precios muy económicos con el único afán de recopilar los datos personales de los posibles clientes.

 **PARA SABER MÁS**

Ante el crecimiento de las compras *online,* la Agencia Española de Protección de Datos ha editado una guía práctica en la que se ofrecen una serie de consejos

*Continúa en página siguiente >>*

*<< Viene de página anterior*

y recomendaciones a tener en cuenta a la hora de compartir nuestros datos personales cuando hacemos uso de este tipo de comercios electrónicos.

https://redirectoronline.com/fcoi080303

## 3.7. Descripción de las principales características de los medios de pago por internet (requisitos, costes, riesgos, facilidad de uso, entre otros)

El reciente aumento del *e-commerce* ha propiciado la aparición de numerosos tipos de pago *online*. Veamos, a continuación, algunos de los más utilizados:

- **Tarjetas de débito o crédito:** aunque ya existían desde mucho antes de la aparición del *e-commerce,* las compras *online* han disparado su uso por parte de los consumidores; en gran parte debido a su facilidad de uso. Algunos de los proveedores más conocidos en esta categoría son *Visa, Mastercard* y *American Express.*
- **Tarjetas virtuales:** suponen la evolución de las tarjetas de crédito diseñadas especialmente para las compras *online*. Este tipo de tarjetas no tienen un formato físico, sino que quedan almacenadas en nuestros dispositivos móviles y ofrecen una mayor seguridad, puesto no revelan una información tan detallada como las tarjetas físicas. Además, permiten la opción de pagos únicos, esto significa que la numeración de la tarjeta se cambia después de cada pago.
- **Monederos electrónicos *(Wallet):*** se trata de una opción cada vez más popular entre los usuarios de internet, ya que permiten compartir tu información financiera (número de cuenta bancaria o tarjeta de crédito) con un único proveedor, en el cual ingresaremos una cierta cantidad de dinero que, posteriormente, podremos gastar en cualquier tienda *online*. Algunos de los proveedores más populares en esta categoría son *Paypal, Google Pay* o *Apple Pay.*

⮑ **Bizum:** es una aplicación móvil que permite realizar pagos entre particulares y que, desde hace algún tiempo, también está empezando a ser aceptada como medio de pago en los *e-commerce.*

*Las recientes mejoras en la seguridad de las transacciones han derivado en una mayor confianza de los usuarios en las compras online.*

## 3.8. Selección del medio de pago teniendo en cuenta las necesidades personales y la seguridad de pago

A la hora de elegir cuál es el medio de pago *online* que más no conviene debemos tener en cuenta los siguientes aspectos:

| Seguridad |
|---|
| - Quizá es el más importante de todos los aspectos a tener en cuenta, puesto que el auge del comercio electrónico ha sido aprovechado en innumerables ocasiones por los ciberdelincuentes que suelen usar todo tipo de artimañas para defraudar a los usuarios. Por esta razón, hemos de extremar la precaución a la hora de realizar cualquier tipo de compra en aquellas webs que no nos resulten del todo fiables. Para ello, conviene comparar el precio y las características del producto que deseemos adquirir entre varias webs y desconfiar de aquellas tiendas que ofrezcan ese mismo producto a un precio mucho más económico de lo habitual. Igualmente, a la hora de pagar conviene que lo hagamos bajo una conexión segura (https) y que no revelemos más datos que los estrictamente necesarios para realizar el pago. Incluso, siempre que podamos, hacer uso de tarjetas virtuales que destinemos exclusivamente a la compra *online*. |

*Continúa en página siguiente >>*

*<< Viene de página anterior*

| Usabilidad |
|---|
| - Si realizamos compras *online* muy a menudo, quizá nos convenga hacer uso de un monedero virtual en el que vayamos introduciendo efectivo a medida que nos hace falta. Esta es una opción muy cómoda, pues nos permite comprar con relativa facilidad y agilidad en cualquier comercio online y al mismo tiempo segura, pues solo compartimos nuestra información financiera con un único proveedor. |

| Coste |
|---|
| - Aunque la mayoría de estos servicios de pago son gratuitos, algunos de ellos pueden cobrarnos algún tipo de comisión o cuota anual por su uso. Debemos valorar este coste antes de decantarnos por usar uno u otro. |

## 3.9. Verificación de la compra mediante la recepción de *e-mail* o mensaje de comprobación

Una vez hayamos procedido a pagar nuestro pedido *online,* recibiremos un mensaje de confirmación que debe incluir la siguiente información:

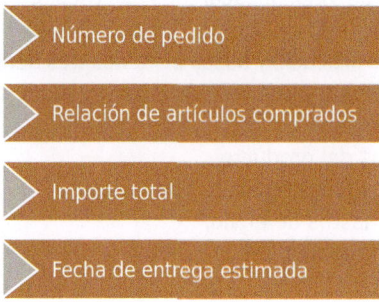

Esta información es de vital importancia, pues será necesaria en el caso de tener que reclamar cualquier tipo de incidencia en la entrega del producto como, por ejemplo, retrasos en la entrega, producto equivocado, producto en mal estado, etc.

## NOTA

**Derecho de desistimiento**

La legislación en materia de consumo reconoce al consumidor el derecho a dejar sin efecto un contrato o pedido con el simple hecho de notificárselo al vendedor en el plazo establecido, sin necesidad de justificar su decisión y sin ningún tipo de penalización.

Este derecho no implica ningún tipo de gasto para el usuario, salvo tener que hacerse cargo de los gastos necesarios para devolver el producto al vendedor (siempre que el vendedor le haya informado previamente de ello.

---

## TAREA 6

Imagina que trabajas en el Departamento de *Marketing* de Bodegas Balista y que, próximamente, está prevista la organización de unas jornadas sobre la cultura del vino. Por este motivo, te encargan buscar algún pequeño obsequio, relacionado con el mundo del vino, con la intención de regalarlo a los participantes (aireador de vino, sacacorchos eléctrico, cortacápsulas, etc.).

Elige uno de estos artículos y busca al menos tres tiendas *online* que lo ofrezcan. A continuación, elabora una comparativa en la que se indique:

- Características del producto.
- Precio del producto (impuestos incluidos).
- Precio de los gastos de envío.
- Tiempo de entrega estimado.

---

# 4. Comercialización de bienes, productos y servicios en portales y plataformas de venta digitales

### ☞ HILO CONDUCTOR

Mar se ha dado cuenta de que hay multitud de empresas que venden sus productos en la web y desde hace un tiempo ha tenido la idea de empezar a hacer uso de esta herramienta para vender los productos de su bodega. Esto le permitiría llegar a un mercado mucho más amplio y, al mismo tiempo, ofrecer a sus clientes la comodidad de poder hacer sus pedidos directamente desde cualquier lugar, sin necesidad de tener que desplazarse personalmente a una tienda física.

Durante los últimos años, especialmente a raíz de la pandemia de la COVID-19, la mayoría de las empresas se ha visto en la necesidad de reinventarse (en mayor o menor medida) para poder vender sus productos a distancia.

No cabe duda de que internet se ha convertido en un gran aliado para esta transformación, pues actualmente vivimos en un mundo cada vez más interconectado y los usuarios están más habituados a realizar las compras en línea.

Pero no solo hemos asistido a una radical transformación en la manera de hacer negocio, sino que cada día podemos ver nuevos negocios que enfocan sus ventas directamente a un mercado *online,* lo cual les trae ciertas ventajas como, por ejemplo, una importante reducción de los costes al no tener que invertir en un local comercial destinado a la atención al público.

## 4.1. Identificación de las necesidades de venta en relación con las propias necesidades

A la hora de aventurarnos a vender nuestros productos a través de internet debemos analizar nuestras necesidades y decantarnos por uno de los siguientes modelos de negocio:

| **E-commerce** | - Se trata del tradicional modelo de venta de productos y mercancías adaptado al comercio *online*. En esta modalidad, el comerciante tiene que hacer un pedido inicial a su proveedor, para obtener así un *stock* de productos y estar preparado para poder enviarlos al cliente final, cada vez que se produzca una nueva venta. |
|---|---|
| **Dropshipping** | - En esta modalidad, el comerciante no necesita almacenar los productos que comercializa, ni tampoco es el responsable de enviarlos al cliente final. En su lugar, cada vez que se produce una venta, es el proveedor o el mayorista el encargado de realizar estas funciones. Mientras que el comerciante se encarga de la promoción y la comercialización de los productos. |

Cada una de estas modalidades tiene sus ventajas e inconvenientes. Por un lado, el *dropshipping* puede ser una buena opción cuando comenzamos un negocio *online,* pues evita tener que realizar una inversión inicial en almacenamiento y *stock.* Sin embargo, requiere contar con proveedores de confianza y los márgenes de beneficio son más estrechos.

El modelo *e-commerce,* por su parte, requiere una mayor inversión inicial, así como un mayor coste de almacenaje y logística. Sin embargo, permite un mayor control sobre la calidad del producto y generar unos mayores márgenes de beneficio.

 **VÍDEO**

En este vídeo se explica con más detalle cómo funciona el modelo de negocio *dropshipping:*

https://redirectoronline.com/fcoi080304

## 4.2. Clasificación de los productos a vender según su tipología y naturaleza (manualidades, artesanía alimentos, entre otros)

Podría decirse que hoy en día podemos vender prácticamente cualquier cosa en internet, ya sea en un portal de *e-commerce* o un *marketplace* de segunda mano, podemos encontrar desde el último modelo de teléfono móvil hasta objetos de coleccionista.

No obstante, si quieres crear tu propia tienda *online* y aún no tienes muy claro qué puedes vender, a continuación, te mostramos algunos de los productos más populares en la red:

- **Tecnología:** quizá sea la categoría estrella en la venta *online,* ya que este tipo de clientes es muy propenso a adquirir las últimas novedades en dispositivos tecnológicos para poder estar a la vanguardia digital.
- **Libros:** si te decantas por crear una tienda de libros *online* debes ofertar libros físicos y electrónicos indistintamente. Esto te permitirá llegar a diferentes tipos de lectores y ampliar tus potenciales clientes.
- **Productos de belleza y cuidado personal:** se trata de un sector en el que siempre existe una fuerte demanda y en el que constantemente se están produciendo nuevos avances, lo que se traduce en nuevos productos para vender a tus clientes.
- **Artículos para el hogar:** en esta categoría podemos incluir desde electrodomésticos hasta artículos de decoración. Al igual que la categoría anterior, este tipo de productos siempre tienen una demanda continuada, ya que siempre se busca mejorar nuestro entorno y estilo de vida.
- **Moda y accesorios:** es una de las categorías más demandadas por los consumidores *online*. Si decides vender este tipo de productos, conviene centrarte en productos únicos que marquen tendencia y crear así tu propio sello en el mercado.
- **Manualidades:** cada vez existen más páginas dedicadas a la venta de artículos relacionados con las manualidades. Si tienes afición por este tipo de trabajos, seguramente sea una buena idea para obtener un beneficio económico.
- **Artesanía:** en contraposición con los miles y miles de productos fabricados en serie a bajo precio, está surgiendo un gran interés por los productos únicos y personalizados. Recientemente, una de las empresas líderes en la venta *online* como es Amazon ha creado una sección *handmade* dedicada a la venta en exclusiva de este tipo de productos.
- **Alimentación:** recientemente están apareciendo múltiples tiendas *online* en las que se puede comprar todo tipo de alimentos, ya sea en crudo o ya cocinados. No obstante, si te decantas por esta modalidad, deberás tener en cuenta que la venta de productos alimentarios se rige por su propia normativa sanitaria.

## SABÍAS QUE...

El concepto de *marketplace* se remonta al año 2006, cuando el gigante de ventas *online Amazon,* que hasta entonces se había dedicado exclusivamente a la venta de libros, decidió llevar el concepto de centro comercial al mundo digital.

Así, surgió el primer *marketplace* basado en el concepto de una tienda *online* que decide incorporar a su catálogo productos de otras tiendas para poner a disposición de sus clientes una oferta mucho más variada y, además, a otros vendedores la opción de vender sus productos, aprovechándose de la logística de *Amazon.*

## 4.3. Somero conocimiento de los requisitos legales de compra y venta según la legislación vigente y el tipo de producto

Para poder abrir una tienda *online* necesitas cumplir con una serie de requisitos legales que te mostramos a continuación:

- **Alta en Hacienda:** una tienda *online* es una actividad comercial, por lo que el primer paso es darte de alta en Hacienda y pagar las tasas correspondientes.
- **Alta como autónomo:** el siguiente paso consiste en darse de alta en el régimen de trabajadores autónomos de la Seguridad Social. En el caso de que vayas a emprender esta actividad asociándote con una tercera persona deberás registrar esta nueva sociedad como persona jurídica.
- **Ley de Servicios de la Sociedad de la Información (LSSI):** se trata de una normativa específica que regula la venta por internet y que rige algunos aspectos como, por ejemplo, el deber de informar al cliente sobre los términos y condiciones de compra, los plazos de envío o la política de devolución.
- **Ley de Ordenación del Comercio Minorista (LOCM):** es la normativa que regula la venta por parte de cualquier negocio que venda al por menor. A las tiendas *online* se les aplican las mismas condiciones que a las tiendas físicas, a excepción de la necesidad de disponer de una licencia de apertura.
- **Reglamento General de Protección de Datos (RGPD):** se trata de una normativa europea que tiene como objetivo la protección de los datos de carácter personal de nuestros clientes, tales como: nombre y apellidos, DNI, direcciones o teléfonos. En líneas generales, deberás cumplir con el deber de informar a tus clientes sobre el tratamiento que darás a sus

datos personales y designar a una persona (o empresa) que se haga responsable del tratamiento de estos datos conforme a la normativa vigente.

*El auge de las ventas online ha animado a numerosos vendedores a expandir su negocio a través del e-commerce.*

## 4.4. Búsqueda en la web de portales de venta digitales según el tipo de producto

Actualmente podemos encontrar multitud de *marketplaces* diferentes en internet. Los más conocidos suelen ser aquellos de tipo generalista, es decir, aquellos en los que podemos comprar cualquier tipo de producto. Sin embargo, también existe otro tipo de *marketplaces* más especializados que se dedican exclusivamente a un tipo de producto muy concreto. Veamos algunos de ellos:

- **Zalando:** es un *marketplace* especializado en la venta de moda *online*. Aquí podemos encontrar todo tipo de ropa, calzado y complementos.
- **Fnac:** al igual que sus tiendas físicas, esta plataforma está especializada en la venta de productos tecnológicos y culturales como, por ejemplo, libros, electrónica, música, películas, comics, etc.
- **Etsy:** se trata de un *marketplace* especializado en la venta de productos de artesanía y todo tipo de artículos desarrollados por productores independientes.
- **ManoMano:** es una plataforma de venta especializada en productos de bricolaje y todos aquellos relacionados con el mundo de la construcción.
- **Worten:** es un *marketplace* especializado en la venta de productos electrónicos y electrodomésticos. Este dispone de envío a domicilio a precios muy competitivos.

- ⊃ **PcComponentes:** inicialmente fue una empresa dedicada a la venta de componentes informáticos *online,* más tarde se convirtió en un *marketplace* donde otros proveedores informáticos venden sus productos.
- ⊃ **Mentta:** fue unos de los primeros *marketplaces* especializados en productos *gourmet* y ecológicos. Ofrece la posibilidad comprar directamente al productor sin intermediarios.

 **APLICACIÓN PRÁCTICA**

**Con la llegada del buen tiempo, Mar ha observado que sus empleados tienen problemas con la luz solar que incide directamente por la cristalera de la oficina, pues los rayos reflejan en las pantallas de los ordenadores.**

**Ella piensa que la mejor opción para solucionar este problema es instalar un toldo que proteja su oficina de la luz solar directa. Como siempre ha sido una chica muy mañosa, ha tomado la decisión de comprar un toldo por internet e instalarlo ella misma. Sin embargo, no tiene muy claro en cuál de los siguientes *marketplaces* debería buscar.**

a. *Etsy.*
b. *Zalando.*
c. *ManoMano.*
d. *Mentta.*

**Solución**

Todas las opciones se corresponden con *marketplaces* especializados, por lo que la mejor opción será el que esté especializado en el producto que está buscando: un toldo para instalar en la fachada.

Sin lugar a duda, la opción correcta es la **C,** ya que se trata de un *marketplace* dedicado al bricolaje y a artículos relacionados con el mundo de la construcción.

## 4.5. Visita a las webs de los portales de venta digitales más relevantes (a título ilustrativo, *Ebay, Wallapop, Agroboca, Libertyprim, Artesaniaporelmundo, Etsy, Artesanum,* entre otros) y comparación de sus características (facilidad de uso, visibilidad y promoción de los productos, gestión del transporte y de los pagos, seguridad en las transacciones, entre otros) y condiciones (comisiones, reclamaciones, entre otros)

Como ya habrás podido comprobar, existen numerosos portales de venta y *marketplaces online* en los que puedes poner tus productos a la venta. A continuación, te mostramos las características de algunos de los más relevantes:

- ○ **Amazon:** seguramente sea la primera web que nos viene a la mente a la hora de vender por internet. El gigante de las ventas *online* nos ofrece la posibilidad de acceder a toda su infraestructura y a sus millones de clientes por todo el mundo. Para ello, tan solo hemos de registrarnos y elegir uno de los siguientes planes de ventas: el paquete *Individual* nos dará acceso a las funciones más básicas; por otro lado, el plan *Profesional,* por un coste bastante superior, nos proporcionará acceso a todas las herramientas para la gestión del inventario y la publicidad de la plataforma.
- ○ **Ebay:** esta plataforma *online* está más orientada a la venta de artículos de segunda mano, por lo que entre sus usuarios se pueden encontrar no solo grandes empresas, sino también pequeños particulares. A la hora de registrarnos como vendedores, podemos optar por una cuenta *personal* o *comercial.* En ambos casos, podremos ofertar hasta 200 artículos mensuales de manera totalmente gratuita. Superada esta cantidad, se nos cobrará una tarifa de 0,30 € por artículo.
- ○ **Wallapop:** se trata de un *marketplace* de productos de segunda mano que se caracteriza por ofrecer todo tipo de funcionalidades para la compraventa de productos de proximidad y, además, ofrece mecanismos específicos para que tanto la transacción económica como el envío de los artículos se realicen de manera segura. Esta característica hace que se trate de una plataforma más orientada a usuarios particulares y no tanto a pequeñas o grandes empresas.
- ○ **Agroboca:** si lo que queremos es vender *online* nuestra propia cosecha de frutas y verduras, sin duda esta plataforma es una de las mejores opciones. Con ella podremos crear nuestra propia tienda *online* de una manera realmente sencilla. Para ello pone a nuestra disposición tres opciones: la opción *básica* es totalmente gratuita, aunque nosotros deberíamos hacernos cargo tanto del transporte como de los medios de pago; la opción *avanzada* nos permitirá acceder a opciones de pago y transporte integrado, a cambio de una comisión del 8 % sobre cada una de las ventas; finalmente, la opción *premium* nos dará acceso a todas las

herramientas de publicidad y *marketing* a cambio de una cuota anual de 240 € y una comisión del 6 % sobre cada una de las ventas.

- **Libertyprim:** se trata de una plataforma especializada en la publicación de anuncios de profesionales para la compraventa de productos horto-frutícolas. Como requisito indispensable para poder visualizar sus anuncios debemos registrarnos previamente como profesional del sector. Esta plataforma basa su negocio en la oferta de diversos paquetes para dar más visibilidad a nuestras ofertas dentro de la propia plataforma.

- **Artesaniaporelmundo:** no se trata de un *marketplace* en sí, sino más bien de una web especializada en ofrecer a los artesanos distintos recursos que les ayuden a vender sus productos a través de internet, desde listados con las principales plataformas de venta especializadas hasta consejos sobre cómo poner un precio justo a sus artículos.

- **Etsy:** se trata de una plataforma dedicada específicamente a la venta de productos artesanales, por lo que únicamente podremos vender artículos hechos a mano, herramientas o artículos *vintage*. A la hora de realizar una venta, la plataforma nos cobrará 0,20 € por artículo más una comisión del 5 % del importe total de la transacción.

- **Artesanum:** se trata de un *marketplace online* especializado en la compraventa de todo tipo de productos relacionado con la artesanía y las manualidades. Si queremos vender nuestros productos a través de esta plataforma, hemos de tener en cuenta que nos tendremos que hacer responsables tanto del pago (a través de *Paypal*) como del envío del producto. Además, la plataforma nos cobrará un 10 % de comisión en concepto de mantenimiento y publicidad.

- **El Corte Inglés:** se trata de un *marketplace* generalista muy enfocado en el mercado español. Nos ofrece la posibilidad de poner nuestros productos a la venta en su plataforma y ellos se harán cargo del procesamiento de las transacciones de pago. En cambio, el proceso de envío de los productos correrá por nuestra cuenta. Como no podía ser de otro modo, El Corte Inglés también se hará cargo de las devoluciones si el comprador no queda satisfecho con la venta, en estos casos, podrá optar por la recogida a domicilio o por su entrega en cualquiera de sus tiendas físicas.

- **Aliexpress:** también conocido como el "Amazon chino" resulta una alternativa muy válida si lo que queremos es vender nuestros productos a nivel global, ya que nos dará acceso a una gran cantidad de compradores en más de 18 países. Para vender en *Aliexpress* bastará con registrarnos e introducir nuestros datos fiscales (ya seamos empresa o particular) y aceptar las condiciones de uso. La plataforma no nos cobrará ningún tipo de comisión de apertura ni cuota anual, sin embargo, se llevará una comisión de entre un 5 y un 8 % sobre el precio de venta de cada producto.

**SABÍAS QUE...**

*Despega* es un programa de formación desarrollado por *Amazon* para ofrecer a los pequeños negocios una serie de recursos gratuitos que les ayuden a iniciar y expandir sus actividades por internet. Haciendo uso, como no podía ser de otro modo, de su propia plataforma de ventas.

https://redirectoronline.com/fcoi080305

## 4.6. Selección de las plataformas de venta más idóneas según las propias necesidades identificadas

A la hora de seleccionar la plataforma de venta *online* más adecuada, debemos prestar especial atención al tipo de producto que deseamos comercializar.

Así, por ejemplo, si tenemos intención de vender productos variados, generalmente de primeras marcas y dirigidos a un consumidor internacional, probablemente nos fijaremos en las plataformas generalistas como *Amazon* o *Aliexpress.* Este tipo de plataformas nos permitirán acceder a una gran cantidad de clientes, no obstante, nos veremos obligados a ajustar al máximo nuestro margen de beneficio si estamos ante un mercado muy competitivo.

El *Corte Inglés* también sería una buena opción en caso de que nuestros productos estén enfocados a un público nacional.

Por el contrario, si vamos a comercializar un producto muy específico, deberíamos optar por *marketplaces* más especializados, donde podremos darle un mayor valor a la calidad de nuestros artículos y donde vamos a poder encontrar una serie de servicios muy adaptados a las condiciones particulares de nuestro mercado. Así, plataformas como *Etsy* o *Artesanum* son una buena opción para comercializar todo tipo de productos artesanales y manualidades, mientras que *Agroboca* y *LibertyPrim* serían dos opciones muy válidas para comercializar productos agrícolas.

Por otro lado, si lo que queremos vender son productos de segunda mano, antigüedades y objetos de coleccionismo, podemos optar por plataformas como *Wallapop* o *Ebay,* pues están más orientadas a la compraventa de este tipo de artículos y nos ofrecerán herramientas de pago y envío tremendamente útiles a la hora de realizar las transacciones y gestionar las ventas.

## 4.7. Registro en las plataformas de venta digital seleccionadas, completando los campos necesarios

Para poder vender nuestros productos a través de cualquier plataforma de venta digital, el primer paso que debemos dar es crear una cuenta de vendedor.

*Todos los marketplaces de internet requieren un registro de usuario previo para poder vender nuestros productos.*

Dependiendo de la plataforma que elijamos, este proceso deberá hacerse de una manera determinada:

⮞ **Amazon:** el *marketplace* líder en ventas de internet requiere que antes de darnos de alta como vendedores nos hayamos registrado previamente con una cuenta de usuario. Durante el proceso se nos solicitará cierta información económica (tarjetas de crédito, extractos bancarios, etc.). Una vez cumplimentada la solicitud de alta, esta debe ser revisada y verificada por parte de la empresa (quizá también nos soliciten una entrevista personal con alguno de sus empleados). Una vez que toda la información ha sido validada, podremos empezar a vender nuestros productos.

⊃ **Aliexpress:** al igual que en el caso anterior, este *marketplace* requiere un registro previo antes de poder darse de alta como vendedor *online*. Para ello, uno de los requisitos que debemos cumplir es ser empresa o autónomo y cumplir todos los requisitos legales necesarios (según la legislación de nuestro país) para poder vender productos *online*. Para ello, en el formulario de solicitud de apertura, deberemos cumplimentar todo tipo de datos comerciales como, por ejemplo, nuestro domicilio social, estatutos, documento de registro público, etc. Una vez rellenada la solicitud, esta deberá ser verificada por el personal. Cuando nos hayan dado su visto bueno, ya podremos empezar a utilizar nuestra tienda virtual.

⊃ **Wallapop:** a diferencia de los anteriores, este *marketplace* está orientado a la venta entre particulares, por lo que no necesitaremos más que un teléfono y una dirección de correo electrónico para poder empezar a vender nuestros productos.

## 4.8. Práctica de una venta, real o simulada, según las condiciones de la plataforma digital

A modo de ejemplo y con fines educativos, vamos a ver cómo podemos vender un producto a través de la plataforma *Wallapop:*

> Al tratarse de una plataforma orientada a usuarios particulares, podremos registrarnos directamente a través de su web (es.wallapop.com) o, si lo preferimos, también podemos hacerlo a través de su aplicación móvil.

> Para crear nuestra cuenta, lo primero que necesitamos es introducir nuestra dirección de correo electrónico (también podemos identificarnos directamente con nuestra cuenta de *Facebook* o *Google)*.

> Introducimos nuestro nombre y apellidos y elegimos una contraseña.

> Aceptamos la política de privacidad.

> Por último, verificamos nuestra dirección de correo introduciendo el código que nos acaban de enviar por *e-mail*.

Con estos sencillos pasos ya tendríamos creada nuestra cuenta en la plataforma. A continuación, veamos cómo podemos poner nuestro primer producto a la venta:

1. Definimos, en pocas palabras, qué es lo que queremos vender.
2. Seleccionamos una categoría en la que aparecerá nuestro anuncio (libros, música, electrónica, deportes, automóviles, etc.).
3. Subimos una o varias imágenes de nuestro producto. Procuraremos que estas sean lo más profesionales posible, de esta forma nuestro producto generará un mayor interés entre los posibles compradores.
4. Introducimos una breve descripción del producto.
5. Introducimos sus medidas y su peso. Esta información se utilizará a la hora de calcular los costes de envío.
6. Indicamos cuál es el estado del producto: nuevo a estrenar, como nuevo, aceptable, etc.
7. Introducimos el precio por el cual queremos vender el producto.
8. Finalmente, indicamos nuestra ubicación. Esta información será utilizada por la plataforma para dar prioridad en las búsquedas a aquellos productos que se encuentren más cercanos geográficamente.
9. Con todos estos pasos, ya tendremos nuestro producto subido a la plataforma y a la vista de todos sus clientes.
10. No obstante, la aplicación nos ofrecerá la posibilidad de "hacerlo más visible", proporcionándole las posiciones más destacadas, a cambio de una pequeña cantidad económica.

Una de las características de *Wallapop* es que el vendedor siempre va a recibir íntegramente el importe fijado como precio de venta del producto, ya que es el comprador el que asume tanto la comisión de venta de la plataforma como los posibles gastos de envío, que son fijados igualmente por la aplicación.

Así, *Wallapop* nos permite escoger entre tres modos de envío:

- ⊃ Envío directamente a nuestro domicilio.
- ⊃ Recogida en un punto de entrega.
- ⊃ Quedar con el vendedor y recoger el producto en mano.

En relación con esta última opción, la plataforma proporciona un chat privado en el que vendedor y comprador pueden debatir hasta llegar a un acuerdo sobre el lugar y la hora para la entrega del producto.

Si ambas partes están de acuerdo, el producto queda reservado a la espera de que ambas partes confirmen que se ha producido la entrega.

## NOTA

Uno de los puntos fuertes de esta plataforma de ventas es que ha desarrollado un protocolo de entrega muy robusto y orientado a garantizar la seguridad de las transacciones, tanto para el comprador como para el vendedor.

Así, el comprador no estará obligado a pagar el producto hasta que haya recibido el producto. Por su parte, el vendedor no recibirá el importe de la venta hasta que el comprador no tenga el producto en su poder y haya dado su conformidad.

------------------------------------------------

## 4.9. Descripción de los pasos posteriores a la venta a seguir (confirmación de envío, seguimiento, recepción, cobro, gestión de incidencias, devoluciones, entre otros)

Una vez que el comprador y el vendedor han llegado a un acuerdo y el comprador acepta la venta, los pasos a seguir serán unos u otros en función del método de entrega seleccionado:

➲ Si la entrega se realiza a través de un envío:

- El vendedor deberá embalar el producto conforme a las indicaciones recibidas y enviarlo a través de alguna de las empresas de transporte disponibles en la plataforma.
- Cuando el comprador recibe el envío dispone de 48 h para revisar que el producto se ajusta a lo acordado con el vendedor.
- Cuando expira el plazo de reclamación, o bien cuando el comprador manifiesta su conformidad seleccionando la opción *Todo OK,* el vendedor recibe el dinero de la transacción.

➲ Si la entrega se realiza en persona:

- El vendedor y el comprador acuerdan un lugar y una hora para proceder a la entrega. Por seguridad conviene quedar en lugares públicos, que no estén cercanos a tu domicilio.
- Cuando el comprador paga el precio de compra, recibe en su teléfono móvil un código QR que deberá mostrar al vendedor.
- El vendedor escanea el código QR con su aplicación móvil y, de esta manera, la aplicación certifica que se ha producido la entrega.
- Una vez escaneado el código QR, el comprador recibe el dinero de la transacción.

⊃ Si el comprador no está satisfecho con las características del producto, dispone de un máximo de 48 h para abrir una disputa a través de la propia aplicación:

◖ Crea una nueva disputa y escribe una descripción detallada de lo sucedido (mínimo 60 caracteres) acompañada de imágenes o vídeos del producto recibido.

◖ Se envía la disputa al vendedor y se abre un canal de chat para que ambos puedan comunicarse.

◖ Si el vendedor acepta la disputa, se generará un código de seguimiento para que el vendedor pueda proceder a su devolución en un plazo máximo de 10 días.

◖ Una vez el vendedor haya recibido el producto de vuelta, se ejecutará la orden de reembolso y el comprador recuperará su dinero.

## NOTA

En caso de que ambas partes (comprador y vendedor) no se pongan de acuerdo en la resolución de la disputa, podrá elevarse el caso a *Wallapop*, quien fallará a favor de una de las partes siguiendo una estricta política de devoluciones que puedes encontrar en la siguiente dirección:

https://redirectoronline.com/fcoi080306

## TAREA 7

Mar está entusiasmada con la idea de poder vender sus productos por internet y llegar así a un mayor número de posibles compradores. Tiene mucha confianza en que la calidad de sus vinos ecológicos tendrá muy buena acogida entre los

*Continúa en página siguiente >>*

*<< Viene de página anterior*

usuarios, pues estos están cada vez más concienciados en el uso y consumo de productos respetuosos con el medio ambiente.

Como no tiene muy claro los pasos a seguir para empezar a comercializar sus productos *online*, te ha pedido consejo para que le recomiendes cuál sería la plataforma de venta más adecuada.

------------------------------------------------------------

## 5. Relación con las administraciones públicas por medios electrónicos mediante el certificado digital

### ☞ HILO CONDUCTOR

Uno de los principales pilares en los que se sustenta la viabilidad económica de Bodegas Balista se basa en poder optar anualmente a las ayudas de la Política Agraria Común (PAC) de la Unión Europea. Esta siempre ha sido una de las necesidades estratégicas para la buena marcha del negocio. Sin embargo, cuando Mar ha tratado de buscar información sobre la próxima convocatoria de ayudas a través de internet, se ha dado cuenta de que necesita obtener un certificado electrónico.

------------------------------------------------------------

Durante las últimas décadas, gracias al desarrollo de los avances tecnológicos de las redes de comunicaciones, los distintos gobiernos han desarrollado una nueva modalidad de atención al ciudadano conocida como **Administración Electrónica** o *e-government*.

De este modo, haciendo uso de los servicios de internet, se han desarrollado distintas herramientas para acercar la administración a los ciudadanos. De esta forma, y con la seguridad jurídica proporcionada por la legislación vigente, los ciudadanos tienen la posibilidad relacionarse con las Administraciones públicas haciendo uso de distintos medios digitales.

Esta misma legislación concede a las personas físicas la libertad para poder relacionarse con las administraciones por la vía tradicional o de modo electrónico, sin embargo, obliga a las empresas a hacer uso de internet para llevar a cabo distintos trámites administrativos.

Así, las empresas que deseen intervenir en cualquier tipo de procedimiento administrativo (solicitud de ayudas, permisos, licencias o tramitación de impuestos, etc.), están obligadas a realizar el trámite a través de los distintos medios electrónicos disponibles en cada administración.

## 5.1. Conocimiento de las funciones del certificado digital para acreditar la propia identidad y su utilidad para relacionarse en línea con las administraciones publicas

Podría decirse que el elemento más importante para garantizar el funcionamiento de la administración electrónica es el uso por parte de empresas y ciudadanos de un **certificado digital** o **electrónico.**

 **DEFINICIÓN**

**Certificado electrónico**

Se trata de un fichero en formato digital, emitido por una Autoridad de Certificación que permite a su titular garantizar su identidad de forma inequívoca y al que, en el ámbito de la administración electrónica, se le otorga la misma validez que la presentación del Documento Nacional de Identidad en la atención presencial.

Para entender el funcionamiento de un certificado digital podemos establecer un símil con cualquiera de los documentos comúnmente aceptados para identificarnos en la vida real, como pueden ser el carné de conducir o el Documento Nacional de Identidad (DNI):

*El carné de conducir es uno de los documentos de identificación más aceptado.*

Tanto el DNI como el carné de conducir contienen un conjunto datos personales que nos identifican y diferencian de cualquier otra persona que pueda, en un momento dado, tratar de suplantar nuestra identidad. Algunos de estos datos son:

- Nombre y apellidos.
- Fecha de nacimiento.
- Dirección.
- Datos de filiación.
- Fotografía.

Sin embargo, ambos poseen una característica esencial que les da un estatus de fiabilidad muy superior a otros documentos identificativos como, por ejemplo, la tarjeta de acceso al gimnasio o el carné de la biblioteca. Esta cualidad no es otra sino la de estar sellados por una **autoridad** que certifica que dichos datos son verídicos.

Es precisamente dicha **autoridad** (la Policía Nacional en el caso del DNI o la Guardia Civil en el caso del carné de conducir) la que garantiza básicamente que "la imagen de la persona que aparece en la fotografía" se corresponde con el resto de datos personales que figuran en el carné.

Pues bien, el funcionamiento del certificado digital es exactamente el mismo, ya que almacena en su interior un conjunto de datos personales (nombre, dirección, etc.) de su poseedor, los cuales están firmados electrónicamente por una **Autoridad de Certificación** que garantiza que dichos datos son ciertos.

De este modo, un certificado electrónico reconocido puede ser emitido por cualquiera de las **Autoridades de Certificación Reconocida** como, por ejemplo: la Dirección General de la Policía, la Fábrica Nacional de Moneda y Timbre, la Generalitat Valenciana, la Agéncia Catalana de Certificació, etc.

Haciendo uso de un certificado electrónico reconocido podremos identificarnos a través de internet cuando deseemos hacer uso de cualquiera de los procedimientos administrativos de las administraciones públicas.

## 5.2. Análisis de las ventajas y riesgos del uso de la identidad electrónica mediante certificado digital

El uso del certificado digital para relacionarse con la administración presenta múltiples ventajas. Veamos algunas de ellas:

> El uso del certificado digital supone el ahorro de una gran cantidad de papel y del espacio requerido para almacenar toda la documentación en formato físico.

> La firma electrónica de un documento mediante un certificado digital garantiza que dicho documento no podrá ser alterado ni manipulado. Lo cual supone una mayor seguridad frente a la firma manuscrita.

> El uso de la administración electrónica supone un gran ahorro de tiempo para los ciudadanos y para las empresas, que ya no necesitan acudir a las oficinas de registro para realizar sus trámites de manera presencial. Además, los registros electrónicos están abiertos las 24 h los 7 días de la semana.

No obstante, estas tecnologías también suponen una serie de riesgos que debemos tener en cuenta:

- Cuando alguien presenta su DNI físicamente, la persona encargada de su revisión puede cotejar si dicha persona es la que aparece en la fotografía del documento. Sin embargo, al usar un certificado electrónico no es posible tal verificación.
- Si no ponemos cuidado en la protección de nuestro certificado electrónico, este puede quedar instalado en el ordenador y, posteriormente, ser utilizado por una tercera persona sin nuestro consentimiento.
- Aunque las medidas de seguridad implantadas en los certificados se garantiza un nivel de protección aceptable. Estas deben ser revisadas periódicamente para prevenir posibles ciberataques que comprometan dicha seguridad.

**NOTA**

Aunque el período de validez de nuestro Documento Nacional de Identidad suele ser, para una persona adulta, de 10 años. El certificado electrónico que alberga en su interior tan solo tiene una validez de 30 meses. Transcurrido este período, deberemos de acudir a un Punto de Actualización del DNI (habilitado en las oficinas de expedición) para proceder a su renovación.

## 5.3. Descripción de los tipos de certificado digital más usuales (a título ilustrativo, dni electrónico, Cl@ve, fnmt, certificados autonómicos, entre otros)

La legislación vigente distingue los siguientes tipos de certificados electrónicos reconocidos por las distintas administraciones públicas:

- El **DNI electrónico** es expedido por la Dirección General de la Policía y se distingue por encontrarse almacenado dentro de un pequeño chip alojado en el interior del DNI físico. Esto supone una gran ventaja en cuanto a la seguridad, ya que en ningún momento el certificado se queda instalado en nuestro ordenador, sino que permanece en todo momento en el chip.
- **Sistemas de firma electrónica** basados en certificados *software,* los cuales pueden ser emitidos por distintas autoridades de certificación:

  - **FNMT (Fábrica Nacional de Moneda y Timbre):** permite obtener certificados electrónicos para personas físicas, para empresas o para otras Administraciones públicas.
  - **CAMERFIRMA:** se trata de una empresa fundada por las Cámaras de Comercio de España, reconocida como una Autoridad de Certificación Cualificada, que se ha especializado en la oferta de servicios de firma electrónica para empresas. Entre ellos, la expedición de certificados digitales de Representante Legal, Apoderado, Factura electrónica, etc.
  - **Agència Catalana de Certificació:** se trata de un organismo dependiente de la Generalitat de Catalunya, cuyo cometido es el de proporcionar a las distintas administraciones públicas catalanas todo tipo de herramientas para el desarrollo de la administración electrónica, así como la emisión de certificados para el funcionariado.

- **Sistemas de claves concertadas** basados en un registro previo o en la aportación de información conocida por ambas partes:

  - **CL@VE:** se trata de un sistema cuyo principal objetivo es el de unificar y simplificar el acceso electrónico a los servicios públicos por parte de la ciudadanía. Su principal ventaja frente a otros métodos de identificación reside en que, para su obtención, no es necesario presentarse físicamente ante algún organismo público.

## 5.4. Visita de la web del Sistema Cl@ve y descripción de sus funcionalidades y requisitos

Podemos acceder a toda la información disponible sobre el sistema Cl@ve accediendo a su dirección <https://clave.gob.es>.

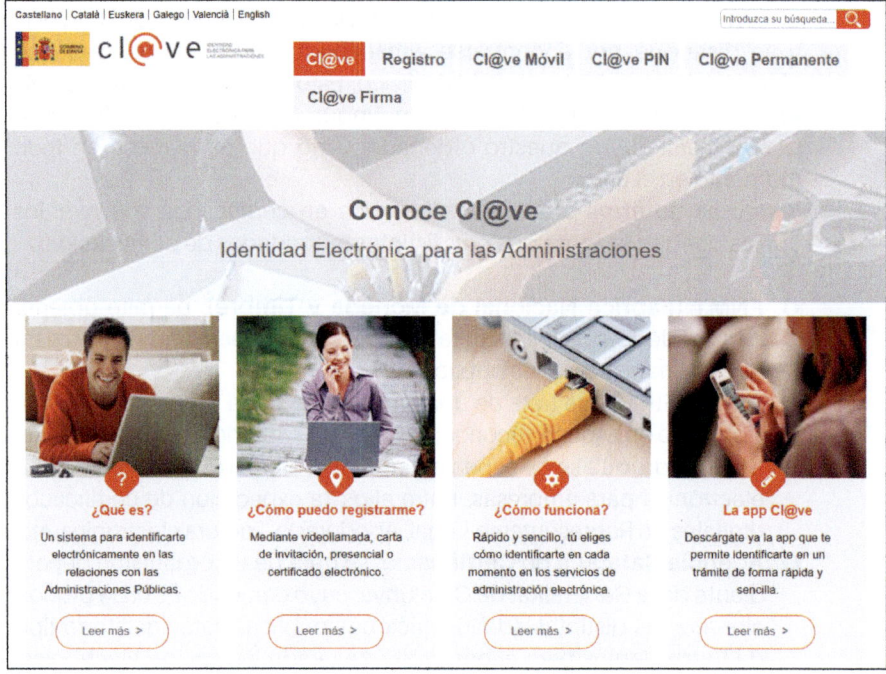

*La página web de la plataforma Cl@ve ofrece todo tipo de materiales que ayudarán a conocer su funcionamiento.*

Allí encontraremos toda la información necesaria sobre el funcionamiento del sistema, así como las distintas funcionalidades y modalidades de acceso.

Cl@ve es un sistema cuyo principal objetivo es la unificación y simplificación del acceso electrónico de los ciudadanos a los servicios públicos. Este sistema permite que nos identifiquemos para acceder a la totalidad de los servicios electrónicos de la Administración General del Estado y de las Comunidades Autónomas, así como en la mayoría de los ayuntamientos y demás entidades locales.

Asimismo, también podremos utilizar Cl@ve para acceder a otros sistemas de identificación electrónica de algunos países de la Unión Europea como, por ejemplo, Alemania, Italia, Francia, Bélgica, Portugal, Dinamarca, Suecia, Noruega, Polonia, etc.

Para poder hacer uso del sistema Cl@ve, es necesario que nos hayamos registrado previamente mediante cualquiera de los procedimientos disponibles (los veremos más adelante).

Una vez registrados, se nos proporcionarán dos tipos de claves de acceso:

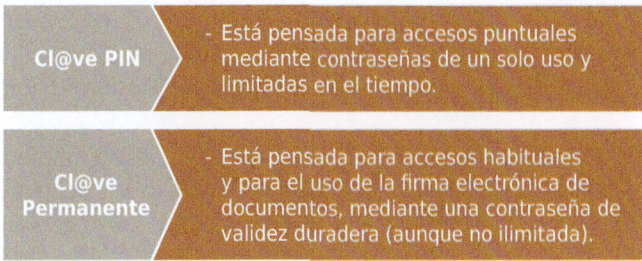

Cl@ve PIN
- Está pensada para accesos puntuales mediante contraseñas de un solo uso y limitadas en el tiempo.

Cl@ve Permanente
- Está pensada para accesos habituales y para el uso de la firma electrónica de documentos, mediante una contraseña de validez duradera (aunque no ilimitada).

## 5.5. Registro de forma real o simulada en el Sistema de Cl@ve permanente, completando los campos requeridos para ello y, si es necesario, efectuando una videollamada

El sistema Cl@ve ofrece cuatro métodos de registro agrupados en dos niveles de seguridad:

⮂ Registro básico:

◍ **A través de internet por videollamada:** resulta muy sencillo y bastará con iniciar una videollamada y aportar algunos datos disponibles en nuestro DNI o NIE, nuestro número de teléfono y una dirección de *e-mail.* Un funcionario de la Agencia Tributaria comprobará los datos en tiempo real y nos registrará en el sistema.
◍ **A través de internet mediante una carta de invitación:** se nos enviará una carta a nuestro domicilio fiscal y, una vez recibida, nos podremos registrar en el sistema haciendo uso del Código Seguro de Verificación (CSV) que aparece en dicha carta.

⮂ Registro avanzado:

◍ **Por internet con nuestro certificado electrónico:** si disponemos de un certificado electrónico o DNI electrónico podemos registrarnos fácilmente en el sistema Cl@ve. Tan solo tendremos que indicar nuestro número de teléfono móvil y este quedará asociado a nuestra identidad dentro del sistema.

○ **Presencialmente en una oficina de registro:** bastará con acudir a cualquier oficina de la Agencia Tributaria, Seguridad Social, Servicio Público de Empleo Estatal o a las Delegaciones y Subdelegaciones del Gobierno y, una vez allí, identificarnos con nuestro DNI o NIE y darnos de alta en el sistema.

 **CONSEJO**

En la práctica, el sistema de identificación Cl@ve resulta mucho más operativo que el DNI o el certificado digital: por un lado, resulta mucho más sencillo obtenerlo, no siendo necesario acudir presencialmente a una oficina de registro; por otro lado, no es necesario instalarlo en todos nuestros dispositivos, pues nos basta con tener siempre a mano nuestro teléfono móvil.

## 5.6. Identificación del uso de la verificación de acceso al sistema Cl@ve mediante el uso de sms o aplicación en el teléfono móvil, si es necesario

Una vez registrados en el sistema CL@VE, podemos hacer uso de tres vías de identificación según nuestras preferencias o necesidades:

| Cl@ve Móvil | - La plataforma Cl@ve nos muestra un código QR que deberemos escanear con una Aplicación que previamente habremos instalado en nuestro teléfono móvil. Tras lo cual, el sistema nos identificará y nos permitirá acceder al trámite. |
|---|---|
| Cl@ve PIN | - La plataforma de Cl@ve nos solicitará nuestro número de DNI o NIE y su fecha de validez. A continuación, pulsaremos el botón **Obtener PIN** y este se enviará mediante SMS a nuestro teléfono móvil. Una vez recibido, introducimos el PIN recibido en la plataforma de validación y ya podremos acceder al trámite. |

*Continúa en página siguiente >>*

*<< Viene de página anterior*

| | |
|---|---|
| **Cl@ve Permanente** | - Este método está destinado a aquellas personas que necesiten acceder frecuentemente a los servicios electrónicos de la Administración. Se basa en un código de usuario (su DNI o NIE) y de una contraseña secreta que se establece durante el proceso de activación. Por regla general, el código y la contraseña serán suficientes para acceder a la mayoría de los servicios digitales. Si bien, en caso de que el servicio al que queramos acceder requiera un mayor nivel de seguridad, se nos solicitará introducir un código numérico de un solo uso, que previamente habremos recibido mediante SMS a nuestro teléfono móvil. |

## 5.7. Conexión con alguno de los servicios ofrecidos a la ciudadanía mediante el sistema Cl@ve (a título ilustrativo, DGT, Agencia Tributaria, Seguridad Social, entre otros), según las propias necesidades y comprobar sus funciones

Actualmente, la práctica de las Administraciones públicas ofrecen multitud de servicios a los que podemos acceder haciendo uso del sistema CL@VE. Veamos algunos de los más utilizados:

- **DGT (Dirección General de Tráfico):** ofrece varios servicios a través de su sede electrónica como, por ejemplo, gestión de multas, consulta de saldo de puntos, solicitud de duplicado del permiso de circulación, consultar la nota del examen, etc.
- **Agencia Tributaria:** si antaño presentar la declaración del IRPF y otros impuestos suponía realizar un gran esfuerzo por parte de los ciudadanos y empresarios, hoy en día todas estas gestiones se han simplificado enormemente gracias a su tramitación *online* a través de su sede electrónica.
- **Seguridad Social:** desde la sede electrónica de la Seguridad Social podemos acceder a multitud de servicios como, por ejemplo, consulta de la vida laboral, cálculo de la pensión, expedición de certificados, alta como trabajador autónomo, etc.
- **Ministerio de Justicia:** haciendo uso del sistema CL@VE, podremos realizar distintos trámites a través de su sede electrónica como, por ejemplo, solicitud de certificados de Nacimiento, Defunción, Matrimonio, Antecedentes Penales, etc.
- **Catastro:** a través de su sede electrónica, la Dirección General del Catastro ofrece diversos servicios digitales como, por ejemplo, acceso a la información catastral y expedición de certificados, presentación de

alteraciones catastrales de bienes e inmuebles, inscripción de trasteros y plazas de garaje, presentación de recursos, cotejo y descarga de documentos, etc.

## ACTIVIDAD COMPLEMENTARIA

3. Haz uso de tu certificado digital (FNMT, DNI electrónico, CL@VE) para acceder a alguno de los siguientes servicios *online:*

- Vida laboral.
- Puntos del carné de conducir.
- Certificado de nacimiento.

# 6. Resumen

Durante los últimos años, el mundo empresarial se ha sometido a una importante transformación debido al desarrollo de internet y a las nuevas tecnologías.

A la hora de emprender un nuevo negocio, debemos tener muy presentes cuáles serán las necesidades tecnológicas de los diferentes perfiles de trabajo de nuestra empresa: diseñadores gráficos, comerciales, personal técnico, etc.

Una vez identificadas estas necesidades tecnológicas, podemos seleccionar entre los diferentes tipos de equipamiento informático y escoger aquellos que mejor se adapten a nuestras necesidades: equipos de altas prestaciones, *tablets, smartphones,* equipos portátiles y convertibles, equipos *All in One* o Servidores.

Asimismo, a la hora de contratar una conexión a internet, deberemos buscar aquella que satisfaga nuestras necesidades. Para ello, conviene que nos fijemos en las siguientes especificaciones técnicas:

| Tecnología de conexión | Velocidad de conexión | Ancho de banda |
|---|---|---|

A medida que internet se ha ido expandiendo hasta el punto de convertirse en una herramienta de uso común por gran parte de la ciudadanía, han aparecido numerosas plataformas de comercio electrónico y *marketplaces* en los que tanto empresas como particulares pueden adquirir todo tipo de productos.

Estos comercios *online* nos permiten adquirir cualquier producto que podamos necesitar, así seleccionar el método de envío que más nos interese para recibirlo en nuestro propio domicilio. De igual modo, podemos hacer uso de distintos medios de pago que garantizan la seguridad de nuestras transacciones *online:* tarjetas de débito o crédito, tarjetas virtuales, monederos electrónicos *(wallet)* o *Bizum.*

Los *marketplaces* también suponen una oportunidad de negocio, pues nos ofrecen la posibilidad de vender nuestros propios productos a través de internet, lo cual podemos hacer siguiendo uno de los siguientes modelos de negocio:

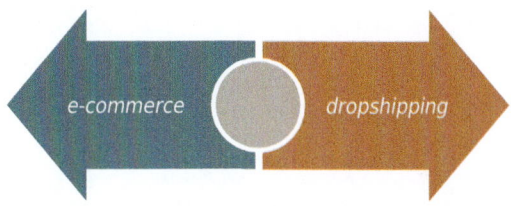

Como paso previo al inicio de una actividad comercial *online,* deberemos de tener en cuenta que hemos de cumplir con la legislación vigente: Hacienda, Seguridad Social, Ley de Servicios de la Sociedad de la Información (LSSI), Ley de Ordenación del Comercio Minorista (LOCM) y Reglamento General de Protección de Datos (RGPD).

Finalmente, una vez cumplamos todos los requisitos legales y tecnológicos para poder iniciar nuestro comercio *online,* deberemos elegir el *marketplace* que mejor se adecúe al tipo de producto que queremos comercializar.

Los *marketplaces* más generalistas *(Amazon, Aliexpress, Fruugo,* etc.) nos darán acceso a una inmensa cantidad de clientes de cualquier punto del globo, sin embargo, tendremos que luchar contra una fuerte competencia que nos obligará a reducir al máximo nuestro margen de beneficios.

Por el contrario, si nos decantamos por un *marketplace* especializado en la venta de ciertos tipos de productos (moda, libros, tecnología, alimentación, etc.) podremos centrarnos exclusivamente en nuestros posibles clientes y darles un mayor valor a nuestros productos.

Simultáneamente al desarrollo de internet y del comercio electrónico, también lo ha hecho la administración electrónica *(e-goverment),* la cual ha permitido grandes avances en la relación de los ciudadanos y las empresas con las distintas administraciones, haciendo uso de medios digitales.

Uno de los principales hitos en el desarrollo de la administración electrónica ha sido la aparición de distintos tipos de certificados electrónicos, que hacen posible acreditar nuestra identidad en internet. Actualmente, podemos hacer uso de los siguientes tipos de certificados:

| DNI electrónico | Sistemas de Firma Electrónica | Sistemas de Claves Concertadas |
|---|---|---|

# Ejercicios de autoevaluación
# Unidad de Aprendizaje 3

1. ¿Cuál de los siguientes perfiles laborales suele necesitar el uso de equipos informáticos con grandes pantallas de alta resolución?

    a. Comerciales
    b. Supervisores
    c. Personal de punto de venta
    d. Diseñadores gráficos

2. ¿Cuál de las siguientes no es una especificación técnica propia de la conexión a internet?

    a. Velocidad de conexión
    b. Capacidad de almacenamiento
    c. Tecnología de conexión
    d. Ancho de banda

3. ¿Cuál de los siguientes términos hace referencia a un sitio web que pone en contacto a compradores y vendedores para realizar todo tipo de transacciones comerciales?

    a. Plataforma de comercio electrónico
    b. *Marketplace*
    c. Certificado electrónico
    d. Pasarela de pago

4. ¿Cuál de los siguientes *marketplaces* se caracteriza por su enfoque internacional?

    a. *El Corte Inglés*
    b. *eBay*
    c. *Wallapop*
    d. *Fruugo*

5. Determina si la siguiente oración es verdadera o falsa: "En una plataforma de comercio electrónico, podemos encontrarnos con ofertas especiales basadas en las búsquedas y compras que hayamos hecho con anterioridad".

- ■ Verdadero
- ■ Falso

6. ¿Cuál de los siguientes medios de pago permite realizar transacciones entre usuarios particulares?

a. Monederos electrónicos *(wallet)*
b. *Bizum*
c. Tarjetas de crédito
d. Tarjetas virtuales

7. ¿Cuál de las siguientes es una ventaja de un modelo de negocio basado en *dropshipping?*

a. Evita tener que realizar una inversión inicial en almacenamiento y *stock.*
b. Nos permite tener un mayor control sobre la calidad del producto.
c. No requiere contar con proveedores de confianza.
d. Genera unos mayores márgenes de beneficio.

8. ¿Cuál de los siguientes *marketplaces* está especializado en la venta de productos artesanos?

a. *ManoMano*
b. *Etsy*
c. *Worten*
d. *Mentta*

9. ¿Cuál de los siguientes no es un modo de entrega disponible en *Wallapop?*

a. Recogida en un punto de entrega.
b. Recogida en el almacén del proveedor.
c. Envío directamente a nuestro domicilio.
d. Quedar con el vendedor y recoger el producto en mano.

**10.** **¿Quién garantiza que los datos contenidos en un certificado electrónico son ciertos?**

    a. El Ministerio de Industria
    b. El Ministerio del Interior
    c. La Dirección General de la Guardia Civil
    d. La Autoridad de Certificación

# Glosario

### Analítica web
Proceso mediante el cual recabamos información que está relacionada con los usuarios de nuestro desarrollo o sitio web y que nos sirve para la optimización de este.

### Amenaza
Se define como la posibilidad de que un sistema informático vulnerable pueda ser atacado y sufrir algún tipo de daño.

### Antivirus
Conjunto de herramientas de seguridad cuyo principal objetivo es el de detectar y eliminar todo tipo de *software* malicioso *(malware)* que pueda haber "infectado" nuestro ordenador.

### Competencia digital
Se refiere a la capacidad de una persona para hacer uso de las tecnologías de la información y de las comunicaciones en sus actividades propias de la vida diaria.

### Correo electrónico
Se trata de una herramienta que permite el envío y la recepción de correspondencia digital a través de internet. Se trata de una tecnología asíncrona, pues cuando el remitente envía un mensaje, este quedará almacenado en un "buzón" a la espera de que el receptor se conecte al servidor del correo y proceda a su lectura.

### Disco duro
Dispositivo de almacenamiento interno en el que se suelen guardar los principales ficheros y documentos necesarios para el trabajo diario con un ordenador. Por lo general, suele ser el dispositivo con mayor capacidad de almacenamiento de todos los instalados en un ordenador.

### Distribución *Linux*

Conjunto de programas y aplicaciones compuesto por el núcleo *(core)* del sistema operativo *Linux*, junto con una serie de paquetes de *software* diseñado para satisfacer las necesidades de los usuarios. Existen numerosas distribuciones de *Linux*, cada una de ellas diseñada específicamente para un tipo concreto de usuarios.

### Escritorio

En informática, se refiere al área de trabajo que permite al usuario crear accesos directos a aquellas opciones, programas y documentos más comúnmente utilizados, facilitando así tu tarea.

### *Hacker*

Experto en informática encargado de la seguridad de los sistemas y su protección frente a ciberataques. Su cometido consiste en identificar las vulnerabilidades para prevenir las posibles amenazas a la seguridad, reducir los riesgos y minimizar los posibles daños.

### *Hardware*

Conjunto de todos los componentes físicos de un ordenador. Incluye todos sus componentes eléctricos y electrónicos, así como la caja (chasis) y los dispositivos periféricos.

### Inteligencia artificial

Rama de la informática encargada del diseño de algoritmos y máquinas capaces de realizar tareas imitando procesos cognitivos propios de la inteligencia humana.

### *Malware*

Se denominan así a un conjunto de programas, comúnmente conocidos como virus informáticos, cuyo principal objetivo es aprovechar las posibles vulnerabilidades de nuestros sistemas para realizar todo tipo de operaciones no autorizadas como, por ejemplo, destruir información, instalar programas para espiar nuestras actividades, etc.

### Menú inicio

En los sistemas operativos *Windows*, el menú de inicio representa una lista de accesos directos a las principales funciones y programas proporcionados por el sistema. Para acceder a este menú, basta con pulsar el botón con el mismo nombre que generalmente se suele encontrar en la parte inferior izquierda de la pantalla.

## Netiqueta
Conjunto de normas éticas y morales que definen cómo debería ser nuestro comportamiento en el uso de internet y en nuestra relación con el resto de los usuarios.

## Riesgo
Posibilidad de que una amenaza se materialice en un ataque externo y nuestro sistema informático sufra algún tipo de daño.

## Sistema operativo
Conjunto de programas que permiten gestionar cada uno de los componentes de la máquina (memoria, discos, periféricos, etc.) proporcionando una serie de servicios al resto de programas y ordena el acceso de estos a los recursos del ordenador.

## Softphone
Bajo este término se agrupan un conjunto de aplicaciones que nos permiten realizar llamadas telefónicas a través de internet.

## Software
Conjunto de programas y aplicaciones que nos permiten realizar todo tipo de tareas con un ordenador. Los programas son los encargados de indicar al *hardware* qué pasos ha de seguir para realizar una determinada tarea.

## Videoconferencia
Servicio que permite el establecimiento de conversaciones de audio o vídeo en tiempo real. Se trata de una tecnología síncrona, por lo que es necesario que todos los participantes estén conectados al mismo tiempo para establecer la comunicación.

## Vulnerabilidad
Debilidad propia de un sistema informático que permite que este pueda ser víctima de un ataque externo que produzca algún tipo de daño.

# Bibliografía

———————

## Monografías

→ DESONGLES, J.: *Conocimientos básicos de informática para Empresas.* Madrid: Mad Editorial, 2006.

Manual introductorio en el que se explican los conceptos elementales de la informática básica, internet y correo electrónico. Dirigido a aquellos empresarios que quieren empezar a hacer uso de las nuevas tecnologías e incorporarlas a su trabajo diario.

→ GONZÁLEZ, O. R.: *Manual imprescindible de Internet para la empresa.* Madrid: Anaya Multimedia, 2009.

Breve introducción sobre los orígenes de las primeras empresas que dieron el salto a internet y su evolución hasta nuestro tiempo. Haciendo hincapié en el papel de los empresarios para saber adaptarse a este nuevo entorno y a las nuevas necesidades de los consumidores.

→ PINTOS, S.: *La implantación de la administración electrónica y de la e-factura.* El consultor de los Ayuntamientos: Las Rozas (Madrid), 2020.

Manual práctico sobre la implantación de la administración electrónica y la relación con los proveedores en la administración local.

————————————————————————

## Textos electrónicos, bases de datos y programas informáticos

→ ¿Cómo identificar el target o público objetivo en Internet de tu negocio?, de: <https://josefacchin.com/como-identificar-el-publico-objetivo-en-internet-de-tu-negocio/>.

Breve tutorial donde se explica el concepto de *Target Online* y su importancia a la hora de emprender un negocio en internet.

→ Cómo evitar el ciberacoso en 10 pasos, de: <https://www.lavanguardia.com/seguros/hogar/20180606/462106086754/como-evitar-el-ciberacoso-en-10-pasos.html>.

Algunos consejos prácticos para prevenir ser víctima del ciberacoso.

→ Conoce Cl@ve. Identidad Electrónica para las Administraciones, de: <https://clave.gob.es/clave_Home/clave.html>.

Definición y manuales de ayuda sobre el uso del Sistema Cl@ve como método de identificación digital frente a las administraciones públicas.

→ Glosario *eCommerce:* el vocabulario del comercio electrónico, de: <https://aglaya.biz/glosario-ecommerce-el-vocabulario-del-comercio-electronico/>.

Definición de los principales términos utilizados en el ámbito del comercio electrónico.

→ Herramientas de trabajo colaborativo, de: <https://formacion.intef.es/mod/book/tool/print/index.php?id=2613 >.

Repaso de las principales herramientas colaborativas para crear todo tipo de documentos, murales, música, formularios, etc.

→ Las 6 mejores herramientas de IA para audio y vídeo, de: <https://sonix.ai/resources/es/top-6-ai-herramientas-para-audio-y-video/>.

Recopilación de las principales herramientas que incorporan técnicas de inteligencia artificial para la creación de contenidos multimedia de audio y vídeo.

→ Los mejores *marketplaces* de España, de: <https://outvio.com/es/blog/marketplaces-espana/>.

Principales características de los *marketplaces* más populares: qué tipos de productos comercializan, en qué países están presentes y datos sobre el tráfico y volumen de ventas que generan.

→ Medios de pago por internet: ¿Cuáles existen y cuál es su relevancia?, de: <https://www.esic.edu/rethink/marketing-y-comunicacion/medios-de-pago-por-internet-cuales-existen-y-cual-es-su-relevancia>.

Principales características de los medios de pago más utilizados en internet indicando sus ventajas y desventajas frente a otros medios tradicionales.

→ Portal de Administración Electrónica, de: <https://administracionelectronica.gob.es/pae_Home>.

Sitio web sobre Administración Electrónica de la Administración General del Estado.

→ Problemas comunes con tu ordenador y cómo solucionarlos, de: <https://www.techbuddy.es/post/problemas-comunes-con-tu-ordenador-y-como-solucionarlos>.

> Breve repaso a los problemas más habituales a los que nos solemos enfrentar cuando hacemos uso de un equipo informático.

→ Qué es la Identidad Digital, de:
<https://www.arimetrics.com/glosario-digital/identidad-digital>.

> Definición del concepto de identidad digital y sus principales usos en internet.

→ Qué es la Netiqueta, de:
<https://www.arimetrics.com/glosario-digital/netiqueta>.

> Definición del concepto de netiqueta. Principales normas y ejemplos de cómo hacer un buen uso de internet.

→ Requisitos legales para abrir una tienda *online* en España, de: <https://www.palbin.com/es/blog/p1608-requisitos-legales-para-abrir-una-tienda-online.html>.

> Explicación a grandes rasgos sobre los requisitos legales necesarios para poder abrir una tienda *online*.

→ Trucos para configurar y personalizar *Windows 11* a tu gusto, de: <https://computerhoy.com/tutoriales/trucos-configurar-personalizar-windows-11-gusto-1246436>.

> Repaso por las principales novedades y ajustes de *Windows 11* desde el punto de vista del usuario.

→ Trucos para configurar y personalizar *Windows 11* a tu gusto, de:
<https://ordenadorpractico.es/mod/page/view.php?id=571>.

> Tutorial práctico sobre cómo realizar búsquedas con la herramienta *Bing*.